8

新世纪心理与心理健康教育文库

Xinshiji Xinli Yu Xinlijiankangjiaoyu Wer'

动机心理学

Dongji Xinlixue

刘惠军◆主编

Liu Huijun

开明出版社

新世纪心理与心理健康教育文库

编　委　会

总 序

Sequence

早在上个世纪 70 年代就有专家预言：21 世纪是心理学的世纪。21 世纪人类所面临的最大挑战，不是其他，而是心理困惑和心理问题。

进入新世纪，我国社会主义物质文明、政治文明、精神文明建设不断加强，综合国力大幅度提高，人民生活显著改善。同时，我们也要看到，我国已进入改革发展的关键时期，经济体制深刻变革，社会结构深刻变动，利益格局深刻调整，思想观念深刻变化。这种空前的社会变革，给我国发展进步带来巨大活力，也必然带来这样那样的矛盾和问题。例如，城乡、区域经济社会发展很不平衡；就业、收入分配、社会保障、教育、医疗、住房等方面关系群众切身利益的问题比较突出；一些社会成员诚信缺失、道德失范；一些领域的腐败现象比较严重等。这些矛盾和问题让人们感到心理困惑，时刻冲击着人们的心理承受能力。

2006 年，中共中央《关于构建社会主义和谐社会若干重大问题的决定》明确指出：我们必须坚持以人为本。要注重促进人的心理和谐，加强人文关怀和心理疏导，引导人们正确对待自己、他人和社会，正确对待困难、挫折和荣誉。要加强心理健康教育和保健，塑造自尊自信、理性平和、积极向上的社会心态。心理和谐是构建和谐社会的心理基础和重要标志。胡锦涛同志指出："科学发展观，第一要义是发展，核心是以人为本。"以人为本就必须重视人、尊重人、关心人、爱护人，就必须重视人的心理发展。加强心理健康教育和心理保健，不断提高人们的心理素质，帮助人们形成积极心理品质，为和谐社会建设奠定和谐的心理基础已经成为举国上下的共识。

促进人的心理和谐需要有科学心理学指引，加强心理健康教育需要有合适的教材。近年来，国内虽然也陆续出版了一些心理学或心理健康教育方面的图书，但不够系统，缺乏总体规划。正因为如此，我们组织了一批心理学专家、学者，编写了这套反映我国心理学发展及心理健康教育理论成果的“新世纪心理与心理健康教育文库”。

“新世纪心理与心理健康教育文库”具有系统性。文库参照心理学学科体系和我国现实需要，分为基础理论、应用理论和技术与实践三个系列。

“新世纪心理与心理健康教育文库”具有权威性。文库是国家出版基金资助项目；文库撰稿人的选择面向全国，每一本图书都由该领域的专家学者撰稿；文库的统稿工作由国内权威心理学家和心理健康教育专家负责完成。

“新世纪心理与心理健康教育文库”具有前沿性。文库在全国范围选聘心理学和心理健康教育领域的专家学者撰稿，既可以吸收心理学与心理健康教育的权威理论和最新研究成果，也可以保证所选内容资料贴近时代、贴近生活、贴近实际。

“新世纪心理与心理健康教育文库”具有实用性。文库在强调系统性、理论性、科学性的同时，更加强调实用性。力求做到理论联系实际，给出的理论实用，给出的技术可行，给出的方法可操作。

“新世纪心理与心理健康教育文库”理论性、实用性、资料性、工具性兼备，是心理学与心理健康教育的“百科全书”。它可以作为从事心理与心理健康教育工作的管理者和研究者的参考书、工具书；可以作为心理健康教育教师继续学习、自我提高的自修图书；可以作为心理健康教育教师的培训用书；可以作为师范院校心理与心理健康教育专业的教材或参考书。

我们相信，“新世纪心理与心理健康教育文库”对于从事心理与心理健康教育工作的人士会有所帮助；对于我国的心理与心理健康教育工作会起到推动促进作用；对于促进人的心理和谐、促进社会心理和谐会发挥一定作用。

我们希望，这套文库能够得到广大心理与心理健康教育工作者的认可、接纳。

郑日昌

于京师园

前 言

Preface

人的每一次选择，每一段坚持，每一种努力都需要动力和能量，动机心理学就是研究人类动力和能量来源及其作用方式的心理学分支。在心理学的研究历史中，主要的心理学流派都曾对动机有过系统的分析和研究，并提出了很多经典的动机理论。行为主义心理学将内驱力、诱因和奖赏作为行为的助长力量，建立了动机的内驱力理论和诱因理论，由该理论发展出来的一系列奖赏系统和激励机制已经影响到人类行为的各个领域和各行各业。然而，行为主义过于强调外在奖励的作用，忽略了人类内在心理因素的动机作用，也忽略了外在奖赏的副作用。人本主义心理学将人类的内在需要作为重要的动力来源，系统分析了人类的需要层次和不同需要的动机作用，为以人为本的社会理念、教育理念奠定了理论基础。认知心理学关注目标、期望、归因、自我效能和自我价值感，从多个不同角度阐述了内在认知因素的动机作用，形成了多种有效激发学习动机的教育教学原理。近来，在进化心理学、积极情绪和自我调节系统研究中，又出现了一些新的、极具有启发意义的理论观点。将动机心理学中这些经典的和新近的理论观点、研究成果和实践原理介绍给中小学教育工作者和学生家长，能够促进学校教育和家庭教育的科学化，帮助教师和家长营造健康的激励环境，运用积极有效的激励方法，促进儿童青少年健康快乐地成长。

自2000年开始，我作为博士研究生师从著名动机心理学专家郭德俊教授系统学习动机心理学。在学习和研究中，越来越发现动机心理学是一个可以随时带给人启示和指导的学科。它告诉我们如何通过奖励去塑造孩子积极的行为，如何通过成就归因培养健康的人格，如何通过目标调整克服焦虑，如何通过积极情绪去发展友谊与合作关系。将这些启示和指导带进自己的工作和生活中，你会发现自己的生活变得更加快乐，工作变得更加从容；将这些启示和指导带进家庭，你会发现家庭的氛围变得更加和谐、安宁；将这些启示和指导带进课堂，你会发现学生的自主性不知不觉中会提高；将这些启示和指导带进工作的场所，你会发现团队的凝聚力不断上升。因为自己受惠于动机心理学的引导，所以我一直向往着某一天坐下来写一本关于动机心理学的书，将自己从中受益的知识传播出去，将自己得到的启示与他人分享。恰好今年春天有幸获得郭德俊教授举荐，主编这本《动机心理学》。编写中，我们力求遵循理论联系实际的原则，在介绍动机心理学经典理论和最新研究成果的同时，着力挖掘其实践意义和实践指导原理，希望对广大读者有所帮助。

本书由我担任主编。参加编写的都是从事动机心理学与社会心理学研究的年轻学者，他们是中国青年政治学院的李燕平博士，首都师范大学的汪玲博士、天津医科大学的戴必兵博士和于斌博士。各章的撰写者如下：刘惠军（第一章、第二章、第五章），李燕平（第四章），戴必兵（第三章、第六章），于斌（第七章、第八章），汪玲（第九章）。经过大家的辛勤努力和通力合作，撰写任务如期完成。

感谢所有帮助、支持本书编写和出版的人员。由于作者水平和能力有限，书中可能会有各种缺点或纰漏，敬请同行专家和广大读者批评指正。

刘惠军

目 录

Contents

第一章　绪　论

【本章提要】

每当我们谈论一个人为什么要做这件事情而不去做另一件事情，或者为什么他如此卖力气地去做这件事情，同时又坚决拒绝去做另一件事情的时候，我们所涉及的就是动机问题。动机关乎人们行动的原因和理由，其作用在于激发人行动的力量，引领人做事的方向。目前心理学已经对人类动机有了比较深入的研究，建立起比较丰富的动机理论，提出了多种激发和培养动机的原理。懂得动机产生和作用的原理，就能够有效地激发和促进行为的动力。本章将重点介绍动机的含义，分析动机与需要、诱因和目标之间的关系；针对动机的多样性，重点介绍与生活实际和个体生存发展密切相关的生物性动机和社会性动机。为了帮助读者更好地了解动机的意义和作用，本章还从动机与有机体的生存与发展、动机与人的活动效率、动机与身心健康的关系三个方面介绍了心理学的研究成果。

【学习重点】

1. 掌握动机的定义和动机的主要来源。
2. 了解动机的主要特点和动机的主要分类。
3. 理解生物性动机和社会性动机、内部动机和外部动机的基本含义和划分依据。
4. 理解动机的意义和作用。

【重要术语】

动机　内驱力　诱因　生物性动机　社会性动机　认知动机　成就动机　内部动机　外部动机　趋近动机　回避动机　耶克斯—多德森定律

第一节　动机的含义

一、动机的定义

动机所涉及的是行为的能量和方向（Lewin，1935；Deci & Ryan，1988），是激发、维持、调节人们从事某种活动，并引导活动指向某一目标的内部心理过程或内部动力。动机通过调动内部能量和调节行为方向与有机体的活动紧密联系在一起，成为有机体行为的决定因素。

动机是人和动物都具有的心理现象，它首先表现为本能力量的作用过程，所有的有机体都会为了维持生命、保持生命的健康、繁衍下一代而不遗余力地努力，特别是在后代受到威胁的时候，个体会不惜一切代价，甚至冒着自我牺牲的危险顽强地保护子代的生存。本能是个体行为的巨大推动力，饥饿、渴、性和避免疼痛等都是具有本能属性的动机力量。对于人类而言，除了上述受本能力量驱动的动机作用之外，还拥有多种高级动机，比如成就动机、社会交往动机、权力动机等。美国动机心理学家马斯洛强调，在人类的动机系统中存在的最高水平的动机是自我实现的动机，即追求最大限度地实现个人潜能、智能和天资。在这种动机作用下，个体不回避挑战，甚至刻意追求挑战；不回避紧张状态，甚至刻意保持适度的紧张状态。

个体的行为与动机密不可分。具体而言，动机能激发个体产生某种行为，能使个体的行为指向某一目标，能调节个体行为的强度、时间和方向。例如，喜欢玩沙的儿童会乐此不疲，喜欢攀岩的勇士不惧攀登的艰险，渴望有朝一日抽到大奖的彩民不在乎日复一日的投入。

动机是环境刺激和行为变化之间的中介变量，它常以隐蔽内在的方式支配着行为的进程和方向。尽管动机是隐蔽的，但我们可以通过个体对任务的选择、个体的努力程度、个体对活动的坚持性和言语表达等外部指标来推断个体的动机（郭德俊，李燕平，2005）。

二、动机的来源

动机具有多种不同的来源，有时来源于机体内部，称为内驱力或内在需要；有时来源于机体外部，称为诱因。例如，动机有时来源于个人目标，有时来源于社会期待。

（一）内驱力与需要

内驱力是有机体因某种缺乏导致的一种内部不平衡状态，表现为生理冲动和生理需求，它具有激起行为的作用。人或动物饿了，就会找东西吃；渴了，就会找水喝。人到了青春期，就会产生求偶动机（恋爱驱力）。可以说有机体的一切生物性行为，如觅食、求偶等都源自内驱力的作用。美国心理学家赫尔指出，内驱力是一种内部状态，当某种需要破坏了平衡或产生了某种心理上的紧张，内驱力就会被唤醒。这些内驱力反过来会促使有机体采取消除紧张的行为，以便恢复有机体的平衡状态。

需要泛指个体生理和心理上的缺失引发的寻求满足的愿望与要求。“内驱力”概念较多出现在生物学家和行为主义心理学家的术语中，“需要”则被更加广泛的人群所使用，有时人们也会不加区分地混用。当某种需要没有得到满足时，它会推动人们去寻找满足需要的对象，从而产生活动的动机。需要可以是客观的身体需要，如食物、水和睡眠；也可以是主观的心理需要，如尊重需要、归属需要、爱的需要、成就需要等。此外，人们在日常生活中经常把需要与欲望（desire）混为一谈，实际上二者是有区别的，本书第二章对此有详细论述。

（二）诱因与目标

诱因指诱发个体行为的刺激或情境，是满足个体需要的刺激物。诱因可以分为正诱因和负诱因，激起个体趋近或接受的刺激称为正诱因，通常我们称之为“好东西”或“奖赏”；相反，激起个体逃离或躲避行为的刺激称为负诱因（吴庆麟，胡谊，2003），通常我们称之为“惩罚”。例如，美味佳肴对人是正诱因，它激起的是趋近和喜爱；而惩罚责骂则是负诱因，它激起的是逃离或回避行为。在没有内在需求的条件下，诱因也能够激起人的行为。日常生活中有很多例子能够说明诱因的动机作用。商场里琳琅满目的商品、宴会上色香味俱佳的食品都可称之为诱因。到超市和商场购物，去之前我们通常只有较少的需求，但在满眼商品（诱因）的诱惑下，最终购买的东西往往大大超出计划。同样，人们在食品丰富（诱因）的餐厅，用餐量会明显多于在家中的用餐量。

在动机的认知观点中，诱因被目标概念取代。目标（goal）是个体对努力要获得的事物的认知表征，人类所有的行为都借助于个体追求的目标被赋予意义、方向和目的，行为的质量和强度也会随着目标的变化而变化。20 世纪 70 年代以后，动机心理学家对目标的关注胜过了对内驱力和需要的关注。

实质上内驱力和诱因、需要和目标在动机作用中是密不可分的，它们好像是一枚硬币的两面，会同时出现在各种各样的行为活动中。

三、动机的特点

动机作为发动、维持有机体行为的内部力量，具有以下几个明显的特点。

（一）动力性

动机具有发动行为的作用，能推动个体产生某种活动，使个体由静止状态转向活动状态，如为了消除饥饿而去寻找食物、为了获得表扬而表现出好的行为，为了考核达标而加班加点。动机的动力性除了表现为激起和发动行为之外，还表现在能够抑制某些与目标不一致的行为，如为了实现长远目标而放弃眼前的利益。

（二）指向性

动机不仅能激发行为，而且能将行为指向一定的对象或目标。动机决定了行为的方向，影响着个体对目标的选择。例如，一个对运动具有浓厚兴趣的学生，在众多的电视频道中总是倾向于选择体育频道，而一个偏爱戏曲的老者则更喜欢看戏曲频道。兴趣爱好属于动机范畴，人与人之间在兴趣爱好上的差异所体现的即是动机指向性的差别。

（三）隐蔽性

动机是一种内部心理过程，具有隐蔽性，人们不能直接地观察，但是，我们可以通过个体对任务的选择、努力的程度、对活动的坚持性和言语表达等外部行为间接地进行推断，推断出个体行为的方向和动机强度的大小。例如，在周末的时间里，一名学生清晨就去了图书馆，在图书馆里，他集中注意力地阅读文献、翻阅资料，而且一整天都在那里度过。对于这名学生，我们并不知道他学习的具体原因和理由是什么，但从这个学生一系列的行为表现上，我们可以初步推断他的学习动机是比较强的。

（四）活动性

动机作用是通过活动来表现，并通过活动来实现的。也就是说动机作用一旦发生，个体就会有相应的生理活动、心理活动或行为活动相伴随。生理活动通常表现为呼吸、脉搏、心率、血压和内分泌活动的变化；心理活动主要包括认知过程和情绪过程的参与，认知过程如计划、组织、监督、决策、解决问题和评估，情绪过程如兴趣、爱好、热情、激情等积极情绪或者焦虑、恐惧、愤怒等消极情绪。行为活动表现为努力和坚持，只有身心协同活动才可以达到动机所追求的目标，也才能满足个体的需求。

（五）维持性

动机具有维持功能，它通过调节机体的能量和行为指向使个体的活动始终保持在与其预期目标相一致的方向上。当动机激发个体的某种活动后，这种活动能否坚持下去，同样要受动机的调节和支配。当活动指向个体所追求的目标时，这种活动就会在相应动机的维持下继续下去；相反，当活动背离了个体的动机取向时，进行这种活动的积极性就会降低，或者完全停止下来。

第二节　动机的分类

人类的活动丰富多样，而这些活动背后的动机也各有不同。根据动机的性质可将动机分为生物性动机和社会性动机；根据行为的原因和目标可将动机分为内部动机和外部动机（Ryan & Deci，2000）；根据激起行为的刺激的属性和动机的指向可将动机分为趋近动机和回避动机。

一、生物性动机和社会性动机

生物性动机（biological motivation）又称原发性动机或生理性动机，它是以有机体的生理需要为基础的动机，如饥、渴、饿、睡眠、性等生理需要是一种内驱力，是推动人们去行动的生物性动机。生物性动机的根本功能在于维护有机体的生存和繁衍。

社会性动机（social motivation）以人的社会性需要为基础，人的归属需要、成就需要、自主和胜任需要、自我实现的需要等构成了个体社会性动机的基础。人类的社会性动机多种多样，其中交往动机、认知动机、成就动机、权力动机和自我实现的动机在个体成长和发展中发挥着重要作用，是个体成长和社会性发展的重要标志。

下面分别介绍几种主要的生物性动机和社会性动机。

（一）生物性动机

1．摄食动机

“吃”是有机体维持生存的本能行为。人为什么要进食呢？一个最简单明了的答案就是“因为饥饿”。但是，很多时候情况并非如此，饭后色泽、味道诱人的甜点，可以吸引人们继续进食，品种齐全、花色多样的自助餐能让人的胃口大开……然而，生活中也有个别人，竟可以抗拒美味佳肴的诱惑。这样看来，摄食动机是一种复杂的心理现象。进食行为既可能起因于饥饿所导致的食物需要，也可能起因于个体对某些食物的“喜好”或个人的特殊认识。

摄食动机是有机体最基本的生物性动机，它每天都以有节律的变化规律支配着动物的觅食和人类的进餐行为，以维持机体的生存、发育、成长和机体的活动能量。那么是哪些因素决定或影响着人的摄食动机呢？目前存在三种理论解释：体内平衡理论，外部线索理论和情绪、认知调节观点。

体内平衡理论认为保持体内能量平衡是摄食的基本动力，该理论强调存在于身体内部的调节机制可以对身体内部环境进行检验，当体内能量偏离某个最佳值时，这些机制会激活相应的神经环路，从而产生动机使机体返回到平衡状态。体内平衡的调节机制包括监控葡萄糖水平的短期调节和监控脂肪水平的长期调节。

但是体内平衡调节理论很难解释现实生活中的三种现象——神经性厌食症、神经性贪食症和肥胖症。沙赫特针对肥胖者的进食行为提出了摄食的外部线索理论，该理论认为与进食有关的外部环境线索比体内平衡调节线索的作用更大。尽管进食行为的体内平衡机制是存在的，但它可以轻易地失效，与食物有关的外部线索常常可以在机体没有任何真正需要时刺激其进食。外部环境线索包括：一天中的时间、食物的口味和提供的食物量。一般情况下，正常体重者的进食是对内部线索的反应，如胃的收缩或血糖水平；而肥胖者的进食更多的是对外部线索的反应。

摄食动机除受制于以上两种因素外，个体的情绪和认知因素对摄食行为也具有调节作用。有研究报告，与正常女性相比，患贪食症的女性更容易伤心、更孤独、更脆弱、更易怒、更被动，也更不自然。患贪食症的女性还报告有更多的情绪波动以及更大的犹豫性（Petri & Govern，2005）。认知因素对摄食动机的影响主要体现为进食态度的扭曲，如厌食症患者通常会夸大自己的体重或体形缺陷、夸大食物对于体重增加的影响、否认进食需要、否认体重过低的危害、过分担心体重增加、以瘦为美等。

知识链接：摄食障碍

近年来摄食障碍得到越来越多的关注。摄食障碍表现为明显的摄食习惯紊乱或控制体重的行为，当个体因摄食紊乱和对体形、体重过度关注而导致明显的生理、心理和社会功能受损，且这一行为不是继发于其他任何躯体和精神疾病时，即可诊断为摄食障碍。

摄食障碍有四种类型：神经性厌食症（anorexia nervosa，AN），神经性贪食症（bulimia nervosa，BN），不明确的摄食障碍（eating disorder not otherwise specified，EDNOS）和暴食症（binge eating disorder，BED）。其中 AN、BN 有着共同的心理病理机制，即患者过高地评价自己的体形、体重。正常人以自己不同方面的成就为基础来评价自己，如工作、人际关系、抚养儿女等。而 AN、BN 患者评价自我价值却完全将重点放在他们的体形、体重及自己控制它们的能力上。对 AN 患者来说，他们有着坚定执著的减低体重、追求苗条的信念，从某种意义上来说他们是成功的，他们的行为在他们看来并不是问题，不是病态，他们经常把他们的低体重视为一种成就而不是折磨。他们没有动机去改变自己的低体重状态。对于 BN 患者来说，他们的控制体重与体形的努力却经常因为频繁的暴食而遭破坏，他们认为自己是失败的节食者，而且他们还会将机体或情感的某些不良状态视为是肥胖所致，因此他们会反复审视自己，从而产生更加负面的自我评价，这种负面的自我评价反过来又使他们通过暴食来获得自我满足。

2. 性动机

性动机是激发、维持和调节有机体性行为的内部动力。动物和人类的性行为多种多样，有些行为的性动机是外显的，如配偶选择、恋爱、结婚等；而有些行为的性动机则是隐蔽的，属于内隐动机，如青少年的冒险行为与攻击行为。进化心理学认为，无论是外显的还是内隐的性动机，其基本功能都是维持个体的生存和种群的繁衍。

关于性动机有三种理论观点，一是生物学的性激素和性诱因观点，二是弗洛伊德的精神分析观点，三是进化心理学（evolutionary psychology）的观点。

（1）生物学的性激素和性诱因观点

生物学观点认为性的生理基础是脑垂体。雌性的垂体激素刺激卵巢生成雌性激素和孕激素；雄性的垂体激素刺激睾丸细胞生成雄性激素或雄性荷尔蒙，最主要的是睾丸素。在青春期，这些激素的分泌水平都会显著提高，使青春期的第一和第二性征突显出来。个体在生理条件成熟的基础之上，出现了性的需要，产生了性驱力，这是性动机的基础。

动机中的诱因理论认为，有机体的许多行为是由目标物的刺激特征激发的。以动物的交配行为为例，发情期的雌性鼠会分泌一种吸引雄性鼠的尿液化合物，这些化合物信号称为外激素（pheromones）。外激素能表明雌性动物的性准备状态。动物的神经系统生来就能够辨认带有性准备状态的信息，其探测器是一组与初级嗅觉系统分离的感受器——犁鼻器（vomeronasalorgan）。犁鼻器为性诱因的动机效应提供了物质基础。有研究者（Garcia-Velasco & Mondragon，1991）发现人类鼻子中也有犁鼻器。但对人类来讲，犁鼻器是否是人类捕捉性刺激信号的生理机制目前还没有定论。

但有观点认为人类是视觉占优势地位的动物，潜在的性伴侣提供的视觉刺激可能具有更强的诱因价值。埃利奥特等（Elliot et al，2008，2010）最近的研究发现红色是激活异性性动机的重要视觉刺激。

（2）精神分析学派的性动机理论

精神分析学派是20世纪初由奥地利心理学家弗洛伊德创立的心理学理论学派。该学派认为人的心理可以分为三个层次：无意识、前意识和意识。无意识包括原始的盲目冲动、各种本能以及出生后被压抑的动机与欲望。尽管无意识不能被本人所意识到，但它是摆布个人命运和决定社会发展的永恒力量。

弗洛伊德认为性本能是人的心理的基本动力，它所具有的心理能量叫做“力比多”（libido）。作为一种性本能，“力比多”除直接与生殖活动有关外，还直接或间接与一切快感有关，它既是自然状态的性欲，又是心理的欲望或对性关系的渴望。弗洛伊德认为“力比多”能够给人的全部活动提供能量，并且在人的整个心理活动中表现出来。在弗洛伊德看来，幼儿喜欢依偎别人的行为、男孩的恋母情结、女孩的恋父情结、做梦和口误都是“力比多”的表现。

性动机源自于人类的生存本能，每一种生存本能的目的都在于使个别器官得到享受，起着延续种族的作用。受生存本能支配的行为同时遵循着快乐原则和现实原则。人的本能驱使人们首先会按照快乐原则办事，以寻求直接的满足；但在现实中人又必须受制于周围的物质环境和社会环境，将不断升腾的本能欲望压抑下去。但本能的力量不会消失，它会改变方向转移地方，弗洛伊德认为做梦、记忆错误、口误、幽默、笑话、风俗习惯和传统仪式等都隐含着被压抑的性欲望的转移。如果性欲望长期受到抑制，就会导致人格的改变，甚至使人患神经症。

（3）进化心理学的性动机理论

进化心理学是心理学研究中一种新的理论观点，它认为不同特性的人类心智都由进化机制选择而来，这些特性能保留下来是因为它们有助于祖先的生存和繁衍。被保留下来的心智遵循模块化的运作机制，这些机制被预先设定，专门用于自动有效地解决某些问题。向异性求爱、进行性选择都是模块化的心智能力（张雷，2007）。

在生命全程中个体面临着两个最基本的问题，一是如何生存下去，二是如何将生命的能量转给下一代。性动机即和第二个问题紧密联系在一起。进化心理学认为由于个体遗传信息的保留与传递依赖于个体成功的生殖，所以，个体会不惜一切代价、冒着风险、顽强地保护自身存活下去，直到基因成功复制到下一代。同时，为了提高生殖几率，并保证获得最佳的基因匹配，生命个体会表现出具有适应性的性行为。所以，对成功生殖的追求是生命个体性行为的最根本的动力源泉。

知识链接：进化心理学论“身体魅力”

众所周知，身体魅力是性吸引的重要指标。进化论的解释（西蒙斯，1979）是，身体魅力是生育成活率的标志，来自进化的无形压力使男女两性产生了对某些身体特征的偏好，从而自动生发出人们对魅力的普遍追求和魅力识别的相似性。西蒙斯研究认为，女性魅力的特征首先是健康和年龄。因为健康的年轻女性更能成功地生育和抚养后代，所以凡是标志健康的特征都是魅力特征。这些特征包括：光滑干净的肤色、清澈的眼睛、坚实的肌肉、洁白的牙齿、漂亮的头发等。这意味着女性的上述特征是男性性动机的主要身体诱因。

进化心理学还发现，男性的魅力也取决于女性养育后代的策略。在配偶选择时，女性一般会优先选择地位高的男性，而把健康和年龄放到次要的地位上。进化心理学给出的解释是地位高的男性意味着可以向女性提供更多的养育后代的资源。在多数社会背景下，男性地位的获得需要技术和能力支撑，所以在女性看来男性的魅力通常表现在技术、能力和成就上，由于技术、能力和成就需要时间的积累，所以女性更偏爱年龄大一些的男性，因为通常年龄大一些的男性具有技术、能力和成就上的相对优势。

（二）社会性动机

社会性动机是建立在社会文化需要基础上的动机，如认知动机、交往动机、成就动机、工作动机和权力动机等，这些动机推动着人们去求知，去争取社会和他人的认同与接纳，去创造劳动产品，去追求成功与卓越。生物性动机的主要机能是维护个体生存和种群繁衍，而社会性动机的主要功能则是促进个体的成长与发展。下面简要介绍几种常见的社会性动机。

1．认知动机

认知动机是建立在认知需要基础上的内部动机。认知需要是一种要求了解和理解所面对的客体、要求掌握知识以及阐述和解决问题的需要。认知需要是从人类的好奇心派生出来的，儿童自出生之后就对周围的世界充满了好奇，他们通过触摸、抓握、聆听等各种身体动作来了解和认识周围的事物。随着语言能力的发展，他们获得了了解世界的有利工具，在认知动机作用下他们通过不断地询问，去获得更加丰富的知识。当认知动机集中作用于某类事物时，即表现为兴趣。人对有兴趣的东西会表现出极大的积极性和饱满的热情。例如，学生一旦对数学产生兴趣，他就会将注意力投放到与数学有关的资料、任务、活动和问题上，带着快乐的心情学习数学、解决数学问题。由于兴趣能够激发持续的行为，个体在有兴趣的领域就容易做出突出的成就。在马斯洛的需要层次理论中，认知需要是一种生长的力量，认知需要的满足能够促进个体的成长。

2．交往动机

交往动机是在交往需要的基础上产生的社会性动机。交往需要表现为每个人都有团体归属需要，喜欢与人交往，希望得到别人的认同、关心、友谊、支持、合作与赞赏。交往动机是个体愿意与他人接近、合作、互惠并发展友谊的内在动力。当人们的交往需要获得满足时，就会感到安全，有依靠和归属感，甚至发出“人生得一知己足矣”的感叹；反之，交往需要得不到满足，人们就会感到孤独、寂寞、无助、痛苦和焦虑。

3．成就动机

成就动机是指人们力求实现目标、获得成功的行为动力。若一个人认为某一目标对自己是重要的、有价值的，他就会克服困难，努力去实现目标，这时他就具有成就动机。学生为了获得好名次而努力学习，年轻人为了获得事业成功而不懈努力，都是受到成就动机激发的结果。

成就动机具有个体差异和群体差异。个体差异是指成就动机会因为年龄、性别、能力、成败经验、努力程度等个体内在因素以及家庭教育的不同而有所不同。群体差异是指不同社会团体之间因社会文化、团体风气和团体特性等不同导致的成就动机差异。无论是成就动机的个体差异还是群体差异都会通过个人的活动表现出来。研究发现具有高成就动机的人具有以下共同特征。

（1）喜欢做那些既有一定难度，又有一定把握完成的挑战性任务。

（2）抱负水平高，关心自己活动的成果。其抱负水平会随着任务完成与否自行调节。

（3）精力充沛，具有开拓精神。

（4）对自己作出的决定高度负责。

（5）喜欢选择有能力的人作为工作伙伴。

（6）喜欢独立思考，不容易受社会环境氛围支配。

（7）往往把活动的成功或失败归因于自己。

（8）善于利用时间。

成就动机对个体具有重要作用，高成就动机有助于个体成长和进步。与此同时，高成就动机也有利于社会经济发展。美国心理学家麦克兰德采用档案法比较了1920—1929年和1946—1950年这两个时段内各个国家国民的成就动机与经济增长的关系，结果表明成就动机是影响经济发展的一个重要因素。

4. 工作动机

工作动机（work motivation）是激起个体积极参与某项工作的动力，也是一种使个体努力完成工作，高质量、有创新地工作，并在其中不断完善自己的动机。人为什么工作？一般来说有多方面理由：为了生存、为了尽责任、为实现自身的价值或为了达到自我实现。在最基本的层面上，工作是为了挣钱、养家糊口，为了维持自己和家庭的生活。在此基础上，工作能够帮助个体更大程度地实现自身价值。

尼科尔斯（J. Nicholls，1984）提出的工作卷入理论认为，面对工作人们大致有两种心态：一种是工作卷入，指个人全心投入工作，目的是发展个人的潜力，而不太计较结果的成败；另一种心态是自我卷入，指个人之所以工作，目的是在与别人竞争中获得成就，借以炫耀自己的能力。尼科尔斯认为，持工作卷入心态的人，工作动机较强，而持自我卷入心态的人则时时想到成败，对工作多是避难就易。不管人的工作动机来自什么需要，它总是人们不辞辛苦地勤奋工作的强大动力。人们为了生存、为了证明自身的价值、为了使自己更成熟，甚至为了寻求一种乐趣而努力做着各种各样的工作，因此工作是每个人一生的事业和追求。

5. 权力动机

权力动机（power motivation）是指人们具有的某种支配和影响他人以及周围环境的内在驱力，也是个体要在某些方面取得一定的支配地位的需要。大多数人都有权力动机，只是程度不同，表现的方式不同。从狭义上讲，它表现为政治上或组织上的权力欲望；从广义上讲，它体现在上级对下级、长辈对晚辈、专业人员对非专业人员、教师对学生等方面的人际关系中。还有一种是道义上认可的权力，如身体有残疾者需要带路，老人和孩子需要保护等。

权力动机可分为个人化权力动机和社会化权力动机。具有个人化权力动机的人参与社会活动的目的主要是为了表现自己，满足个人的权力欲望，权力和地位被他们当成获利的手段。具有社会化权力动机的人，他们寻求权力的目的是为了他人，他们以个人的知识、智慧、才干、人格去影响他人。例如，教师努力去教好学生，思想家和文学家以自己的思想和作品去影响社会和他人。

二、内部动机和外部动机

（一）内部动机

内部动机是指人们对活动本身感兴趣，自发地进行学习和提高技能，并从行动中获得满足和激励。例如，有人从事体育运动不是为了竞赛，而是为了从运动中得到快乐；有人学习不是为了升学，而是为了探究知识的奥秘。

德西和瑞恩（Deci & Ryan，1985，2000）提出，内部动机建立在有机体内在的心理需要基础上，自主、胜任和关系需要是人类的三种基本心理需要，它们是内部动机的源泉。当周围环境能够满足人的以上三种基本心理需要，而且个体体验到成就或效能时，才能够调动出内部动机。相反，在执行任务过程中，威胁、设定最终期限、严苛的指令、压力性评价和强制性目标等都会对内部动机产生削弱作用。格罗尔尼克和瑞恩（Grolnick & Ryan，1987）的实验研究发现，能够给学生提供自主支持的教师与具有控制性的教师相比，前者更能促进学生产生强烈的内部动机、好奇心和迎接挑战的欲望。接受控制性教育方式的学生不仅容易丧失学习的主动性，而且在进行概括性和创造性学习时，学习效果比预期的要差得多。

（二）外部动机

外部动机是指动机由活动以外的因素所引起，活动的目的是获得某种额外的结果，比如表扬、奖励、名次、名誉、地位、金钱、职务等。外部动机具有很强的激励的作用，但与内部动机相比，它还有很多的负面效应，比如维持时间短，容易引发心理压力，导致焦虑。在竞争激烈的环境下，外部动机还会激活攻击、欺骗、自我设置障碍等不良行为。

德西和瑞恩在研究内部动机的同时，也探讨了外部动机对内部动机的影响。研究发现外部动机使用不当就会削弱内部动机。德西（1975）曾进行过一系列实验，实验开始时，对所有的被试都不奖励。接着把他们分成两组，其中一组学生每解答完一道智力难题就给予奖励，另一组得不到任何奖励。然后在两组学生休息或自己活动的时间里，实验者观察被试的行为。非常有趣的是，有奖励组的被试中很少有人在自由活动时间里继续解答智力题，但无奖励组的学生中却有更多的人依旧致力于解答未解出的难题。这意味着，奖励削弱了学生对持续解答智力难题的兴趣，也就是说如果在个体从事一项感兴趣的活动时，同时给予外部的物质奖励，将会削弱参与者对这项活动的内部动机。

三、趋近动机和回避动机

趋近和回避是动机的两种最基本形式，反映着个体与环境的相互作用方式，是人类趋利避害、适应环境的核心机能。心理学家埃利奥特（Elliot，2008）认为，可以从五个方面来理解趋近和回避动机概念。第一，趋近和回避动机影响着行为的能量和方向。趋近动机是由正性刺激激起的行为能量，或者使行为指向正性刺激方向的动机；而回避动机则是由负性刺激激起的行为能量，或者使行为指向负性刺激方向的动机。第二，趋近和回避动机既涉及身体的运动，也涉及心理的运动。当刺激在心理上被评估为正性时，个体就会表现出把它“拿过来”或把它“留给自己”的动作取向；相反，当刺激在心理上被评估为负性刺激时，个体则会表现出远离或回避的动作取向。第三，趋近和回避动机的区分不仅与新的刺激情境有关，也与当前所处的情境有关，即趋近动机不仅指趋近新的积极刺激，也包括保留和维持现有的积极刺激；而回避动机不仅包括对可能出现的消极刺激的防御，也包括逃离或纠正当前的消极刺激。第四，刺激的效价（积极或消极属性）是趋近和回避动机的核心。正价代表着“有益”、“喜欢”、“渴望”；负价代表着“有害”、“不喜欢”和“不想要”。第五，激起趋近和回避动机的刺激可以是具体的和可观察的客体、事件或可能性，也可以是抽象的、通过内部表征生成的客体、事件或可能性。

趋近和回避动机不仅表现为机体的暂时状态，也表现为稳定的人格特质。趋近动机特质与积极情绪、外向型人格相关联，经常表现为自主、完美主义、自我批评和高目标追求，也容易出现愤怒、嫉妒等消极情绪反应。回避动机特质与消极情绪、内向型人格相关联，容易出现焦虑、抑郁等情绪反应。

趋近和回避作为最基本的动机系统，具有行为组织功能。趋近系统通过调动和集合机体能量来接近、掌控个体所偏爱的刺激，回避系统也同样通过调动和集合机体能量来逃离或阻止不利刺激的伤害。两类动机系统的协同作用促成了有机体的自我调节，保证了有机体对生存环境的成功适应。埃利奥特（2008）指出，两种动机相结合才能产生成功的适应，回避动机保证了个体的生存，趋近动机则能够促进个体的成长。

第三节　动机的意义和作用

一、动机影响有机体的生存与发展

在动机的分类中我们已经谈到动机可以分为生物性动机和社会性动机，生物性动机的根本功能在于维护有机体的生存和繁衍，而社会性动机则在个体成长和发展中发挥着重要作用。饥、渴、饿、睡眠等基本生理需要构成了有机体最基本的生物性动机，这些与生俱来的基本生理需要每天都以有节律的变化规律支配着有机体的摄食和起居行为，以维持机体的生存、发育、成长和机体的活动能量。而性动机不仅与生物有机体的生存有关，更是与物种的繁衍紧密相连。精神分析理论认为性动机源自于人类的生存本能，进化心理学强调对成功生殖的追求是生命个体性行为的最根本的动力源泉。

在个体成长过程中，社会性动机发挥了重要作用。认知动机不断激励个体去探索外部世界，促进了个体对环境的了解，对环境事件发生、发展和变化规律的认识，提高了个体对环境的适应能力。成就动机使人勇于应对挑战，追求更好成绩，从而提高了人的胜任力水平。社交动机使人愿与他人接近、合作、互惠互利，并建立友谊关系，当人们的交往需要得到满足时，就会感到安全，有依靠和归属感。所以，社会动机能够促进个体环境适应能力和社会适应能力的发展。

二、动机影响人的活动效率

动机对于提高活动效率具有重要意义。但动机强度与工作效率之间不是一种线性关系，动机很低时工作效率不可能高，而当动机过强时，个体处于高度紧张状态也会限制正常活动，从而使工作效率降低。因此，为使活动卓有成效，就应避免动机强度过低或过高。

在各种活动中都有一个动机最佳水平问题。一般情况下中等强度的动机最有利于发挥最佳工作效率。同时，动机的最佳水平也会因活动性质的不同而不同，如在简单容易的活动中，工作效率随动机的提高而上升，而当活动难度加大时，动机强度要降低；在一定范围内，动机增强有利于工作效率的提高，特别是在学习力所能及的课题时，其效率的提高更明显。该规律被心理学家耶克斯和多德森（Yerkes & Dodson，1908）通过实验所证实，因此称为耶克斯—多德森定律（见图 1 - 1）。

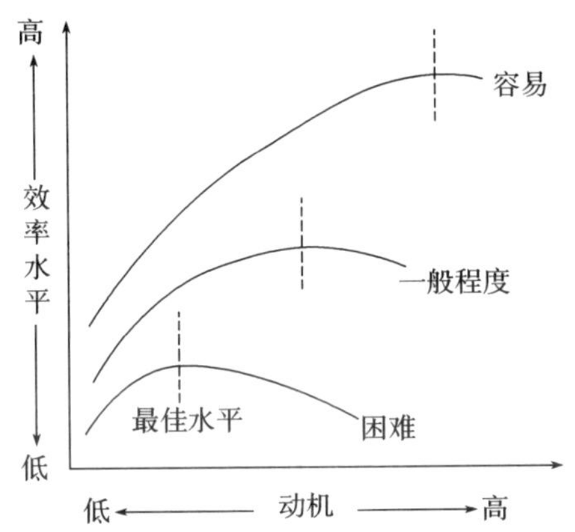

图 1 - 1 动机强度、活动难度和工作效率的关系

三、动机影响身心健康

动机对身心健康的影响这一话题过去很少出现在教科书中，但相关的研究却很多。有些研究直接考查了动机变量与身心健康的关系，如归因、控制感、自我效能感、自尊以及动机冲突对身心健康的影响。

1978 年，艾布拉姆森（Abramson）等提出一种有关抑郁的观点，他们假设归因方式的某些特征是导致抑郁的因素之一。如果一个人倾向于将坏事情的原因归结为自身的、持久的、整体的原因，而把好事情的原因归结为他人的、暂时的、局部的原因，这个人出现抑郁症状的可能性就很大。国内学者张雨新（1989）部分证实了艾布拉姆森的观点，其研究发现个体越倾向于将好事情归因于暂时的、局部的原因，而将坏事情归因于持久的、整体的原因，越容易出现抑郁。

每个人都希望自己能够掌控自己所处的环境，无论是工作、学习、人际关系、生活琐事还是自己的身体及情绪变化，对这些因素的控制需要都是人固有的需要，是一个重要的动机变量。研究表明，控制感对人的心理和身体健康都非常重要，那些有高控制感的人比控制感低的人能够更加有效地保护自己的健康，预防疾病。而且一旦患上严重的疾病，具有高控制感的人能够很快适应疾病并采取措施积极地应对。心理学家兰格和他的同事（1976）曾在美国康涅狄格州的一个名为“雅典园”的护理之家做过一个现场实验，实验通过帮助老年人增加行为控制、认知控制和决定控制来提升这些老年人的控制感，其结果显示控制感干预不仅改善了老年人的情绪状况，促进了他们的社会交往和参与活动的积极性，也增进了他们的健康，降低了死亡率。这一结果提示我们在照顾老年人时，要在爱老敬老的基础上给予老年人更多的决定权和选择权，让他们对自己的生活承担必要的责任。这样不仅有利于提高老年人的控制感，而且对促进其健康具有积极意义。

班杜拉（A. Bandura，1988）曾考查自我效能感对认知应激源的作用，结果发现自我效能感的高低会对个体在应激过程中的交感神经反应和主观应激强度产生影响。低自我效能感的人在应激过程中交感神经反应更强，主观应激强度更高，而且在应激过程中，他们内在的阿片系统被激活，因而对疼痛的耐受性增强。

英国牛津大学心理学家陶特曼等（1977）还发现动机冲突带来的心理应激会加重感冒。最近研究者扬斯多姆和伊扎德（2008）提出，趋近和回避动机系统失调是导致抑郁、焦虑、躁狂、多动症等多种心理问题的原因。

总之，对于动机的意义和作用需要有一个比较全面的理解，首先并不是所有的动机都有积极意义，只有那些积极的有建设性的动机力量才能够维护人类的生存和发展，激励人走向幸福和健康。其次，在活动过程中，并不是动机越强越好，为了取得最佳的活动效率，要依据任务的难度来调整动机力量的强度。

【建议参考资料】

1. 郭德俊. 动机心理学：理论与实践［M］. 北京：人民教育出版社，2005.

2. 皮特里，戈文. 动机心理学［M］. 郭本禹，译. 西安：陕西师范大学出版社，2005.

3. 黄希庭，苏彦捷. 心理学与人生［M］. 2 版. 广州：暨南大学出版社，2010.

4. 张雷. 进化心理学［M］. 广州：广东高等教育出版社，2007.

5. 沈晓红. 健康心理学［M］. 杭州：浙江教育出版社，2009.

6. ELLIOT A. Handbook of approach and avoidance motivation［M］. New York：Psychology Press，2008.

【问题与思考】

1. 如何理解动机概念？
2. 结合生活实际阐述动机的各种类型。
3. 动机与工作效率是什么关系？
4. 用你经验中的例子说明动机的意义和作用。

第二章　需要的动机作用

【本章提要】

“一个人的身体缺乏食物、水或其他营养就会生病，甚至死亡”，这一观点已经在我们的头脑中生根。但一个人的心灵如果长期得不到营养会出现什么状况呢？每一位家长都希望孩子养成好的品德，好的人格，每一位教师都希望自己的学生健康成长，但从何做起呢？人本主义心理学家马斯洛指出，爱、温暖、友谊、尊重以及善待儿童对于儿童后来的性格结构有重大影响，在这里马斯洛所强调的是人的心理需要是否得到满足对人格的形成的重要意义。除生理需要外，人类还有哪些至关重要的心理需要；这些心理需要之间的关系如何；心理需要如何起作用；等等，这些都是动机心理学关注的问题。本章即从人类的需要出发，讨论需要的动机作用原理，通过介绍需要层次学说和基本心理需要理论，帮助教师和家长认识心灵成长的营养要素，明确满足儿童需要，特别是满足其心理需要对于儿童健康成长、构筑幸福生活的重要意义，并在实践层面上提出了满足儿童基本需要的建议。

【学习重点】

1．掌握需要的含义和特点。
2．理解自我实现的需要在动机激励中的作用。
3．理解马斯洛的需要层次理论，并能够运用该理论分析社会现象。
4．理解基本心理需要理论，懂得如何运用该理论改善学习动机和生活环境。

【重要术语】

需要　需要层次理论　自我实现需要　自我决定理论　自主需要　胜任需要　关系需要

第一节　需要概述

一、需要概念

需要泛指个体生理和心理上的缺失引发的寻求满足的愿望与要求。它经常以一种“缺乏感”被个体体验着，以意向、愿望的形式表现出来，当人们为了满足需要而开始行动的时候，需要即转化为推动人进行活动的动机。

需要既来源于个体生存和发展的客观要求，也反映着个体内在的主观愿望。食物、衣服、睡眠、劳动、交往等，更多反映了个体对内在环境和外部生活条件的较为稳定的要求，这些需要的满足保证了个体的生存与发展。然而，有些需要则更多反映了个体的主观要求，如美食、豪宅、地位、名誉等，这些需要往往偏离了个体的客观需要，表现为一种内心的欲望。

在现实生活中，人们常常把需要和欲望混为一谈，误以为自己不断涌动的欲望就是需要。最近，心理学家（Baard，Deci & Ryan，2004）对此进行了区分，他们认为需要是先天固有的，不是学习获得的；而欲望是后天习得的。需要是一种“实质性的营养”，它为生存、成长和个体整合所必需。需要的满足能够促进人的生存、成长和个体整合，而欲望的满足跟生存、成长和个体整合不但没有关系，反而会给人带来伤害或负面的影响。所以需要是个体积极性的源泉，是动机产生的基础。

二、需要的特点

（一）对象性

人的需要不是空洞的，而是有目的、有对象的，而且也随着满足需要的对象的变化而发展。人的需要的对象既包括物质的东西，如衣、食、住、行，也包括精神内容，如文化、艺术、信仰或宗教；既包括个体化的内容，如个人兴趣、爱好，也包括社会性的活动，如参加朋友聚会、参与团队活动、承担社会角色、与人沟通感情等。各种需要彼此之间的区别，就在于需要对象的不同。但无论是物质需要，还是精神需要，都必须有一定的外部物质条件才能满足。例如，居住需要房子，出门要有交通工具，娱乐要有场所等。

（二）阶段性

人的需要会随着年龄阶段的不同而发展变化，也就是说，在个体发展的不同时期，需要会表现出不同的特点。例如，婴幼儿时期，生理需要占主导地位，孩子对吃、喝、睡的需要更强烈；少年时代对奖赏、安全的需要更加强烈；到青年时期又表现为对恋爱、婚姻的需要；到成年时期对自主、胜任和尊重的需要更加强烈。

（三）社会制约性

人不仅有先天的生理需要，而且在社会实践中，在接受人类文化教育过程中，还发展出许多社会性需要。这些社会需要受时代、历史和文化的影响。在经济落后、生活水平低下时，人们需要的是温饱；在经济发展、生活水平提高以后，人们不仅需要丰裕的物质生活，同时更加需要丰富多彩的精神生活。

（四）独特性

人与人之间的需要既有共同性，又有独特性。由于生理因素、遗传因素、环境因素、条件因素不同，每个人的需要都有自己的独特性。年龄不同的人、身体条件不同的人、社会地位不同的人、经济条件不同的人，都会在物质和精神方面有不同的需要。

三、需要的类型

人的需要有多种类型，按起源可分为自然需要和社会需要；按指向的对象可分为物质需要和精神需要。

（一）自然需要和社会需要

自然需要也称生理需要，它包括饮食、运动、休息、睡眠、排泄、配偶等需要。这些需要主要由机体内部某些生理的不平衡状态所引起，对有机体维持生命、延续后代有重要意义。社会需要是人类特有的需要，如劳动的需要、交往的需要、社会赞许的需要等。这些需要反映了人类社会的要求，对维系人类社会生活、推动社会进步具有重要作用。

（二）物质需要和精神需要

物质需要主要指向社会的物质产品，并以占有这些产品来获得满足，如对住房和交通工具的需要，对食物、服装的需要等。精神需要指向社会的各种精神产品，如对文艺作品的需要、欣赏美的需要、社会尊重的需要等，这些需要是以占有某些精神产品而得到满足的。

第二节　马斯洛的需要层次理论

一、概述

马斯洛（A. H. Maslow，1908—1970），美国心理学家，人本主义心理学的主要发起者，曾任美国人格与社会心理学会主席和美国心理学会主席（1968）。他的主要著作包括《动机和人格》（1954）、《存在心理学探索》（1962）、《科学心理学》（1967）和《人性能达到的境界》（1970）等。1943年，马斯洛在论文《人类动机论》中提出了需要层次理论。1970年，马斯洛又系统地总结了这一理论，并在原来的五个需要层次基础上增加了认知需要、审美需要。该理论奠定了人本主义思想的基石，目前这一学说已深入到教育、组织文化建设、管理、社会政治与经济等领域，对人类社会的发展产生了重要影响。

马斯洛（A. H. Maslow）

马斯洛认为个体成长发展的内在力量是动机，而动机是由多种不同性质的需要所组成的，一种行为可能同时受到几种不同的动机状态的影响，如学生努力学习可能既受到兴趣的影响，也受到老师表扬、班级名次的影响，还可能受到同伴评价或团队接纳等因素的影响。马斯洛指出，人类的需要可分为两大类。一类是基本需要，或叫做缺失需要，即人类个体不可缺少的普遍的生理和社会需要，它不属于固定文化所特有的，而是人类共同具有的，其中包括生理需要、安全需要、归属和爱的需要以及尊重的需要。这些需要一旦满足，其需要的强度就会有所减弱。另一类是成长需要，即人类个体为了追求自身的健康成长和自我实现而发展起来的需要。人类在基本需要得到满足后会出现高层次的心理需要，包括认知、审美和自我实现的需要。各种需要出现的强弱和先后次序如图 2－1 所示。

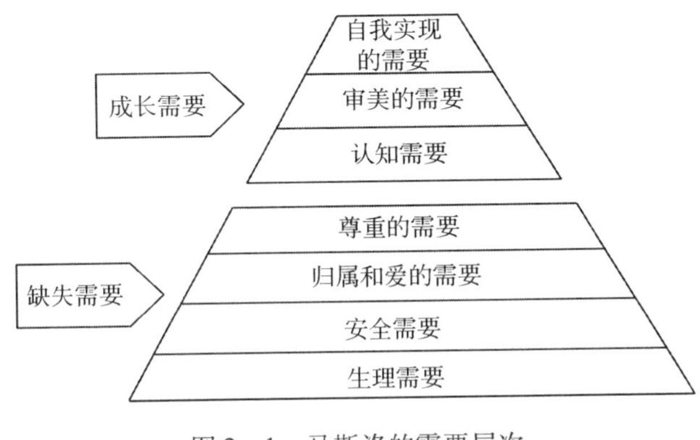

图 2－1　马斯洛的需要层次

二、需要层次

（一）生理需要

生理上的需要是人们最原始、最基本的需要，如空气、水、吃饭、穿衣、性欲等，这些基本生理需要的出发点是维持体内平衡。在马斯洛的理论中，体内平衡指的是身体维持血液的持续和正常状态的一种无意识努力。其内容包括：血液的水含量、盐含量、糖含量、蛋白质含量、脂肪含量、钙含量、氧含量、酸碱平衡、荷尔蒙、维生素等。身体内缺少某种内容，有机体会产生相应的需要。马斯洛认为人的生理需要不胜枚举，每一种生理需要及其满足方式也都相对独立。例如，饥饿只能通过饮食来解决，困倦只能通过睡眠来解决。

生理需要在所有需要中占绝对优势。也就是说，假如一个人在生活中所有需要都没有得到满足，那么生理需要而不是其他需要最有可能成为他的主要动机。例如，一个同时缺乏食物、安全、爱和尊重的人，对于食物的渴望可能最为强烈，其他需要有可能退居幕后，或者处于休眠状态，个体的全部精力就会投入到寻找解决饥饿的活动中去，“为面包而活着”。当生理需要达到一定程度的满足后，高一级的需要就会变得活跃起来。

对于生理需要的作用，马斯洛还特别强调了一点：任何生理需要都同时起着疏导其他种种需要的作用。例如，一个认为自己饿了的人实际上也许是在寻求安慰或者依赖，而不是在寻求蛋白质或维生素的体内平衡。这一点在亲密关系的发展中格外突出，也就是说，在恋人和亲子关系背景中，生理需要的寻求常常蕴涵着其他需要的表达。例如，孩子对父母说“我渴死了”、“我走不动了”，很多时候是希望得到父母的关注和抚爱。恋人之间的情况也与之相似。

（二）安全需要

像生理需要一样，安全需要也是一种由应激情境引发的动力状态。当个体生命受到威胁时，最重要的内驱力就是逃生。安全的需要有多种不同的表现形式，包括稳定、依赖、保护、免受惊吓、避免焦躁和混乱的折磨、对体制和秩序的需要、对法律的需要、对界限的需要以及对保护者实力的需要等。当人的机体完全被安全需要所控制时，安全需要有可能成为行为的唯一组织者，调动机体的全部能量为其服务。马斯洛认为，这时我们可以将整个机体描述为一个寻求安全的机制，感受器、效应器、智力和其他能力都将是寻求安全的工具。这个压倒一切的目标不仅对于个人当前的世界观和人生观起作用，而且对未来的人生观都是强有力的决定因素。如果这种状态在一个人身上表现得足够严重，持续的时间足够长久，就可以说这个人“为了安全而活着”。

安全需要在年幼的儿童身上表现得最为明显。如果幼儿突然受到干扰，或者跌倒，或者遇到高声喧闹、闪电以及其他异常感官刺激的威吓，或者受到粗鲁的对待，或者在母亲怀中失去支持，或者感到食物不足，等等，他们就会不遗余力地作出反应（啼哭是最典型的反应），仿佛遭遇了危险。例如，3 岁左右的孩子刚刚进入幼儿园时，每天的送别过程总是非常困难，孩子会哭着闹着拒绝上幼儿园，或拉着家人的手不肯放开。晚上会做噩梦，半夜会突然醒来大哭不止，甚至经常闹病。这些表现即是安全需要在发挥作用，因为幼儿园对孩子来说是一个完全陌生的环境，他们的表现是对陌生环境的过度反应。在这种情况下，家长要尽可能给孩子以抚慰，教师也要尽可能多地给孩子以关怀，等孩子慢慢熟悉了幼儿园的环境后，恐惧感会随即消失。

马斯洛认为在西方社会中，绝大多数成年人的安全需要已经得到充分满足，通常情况下这种需要并不支配人的行为。但是，某些行为障碍可以理解为安全需要没有得到满足的表现。在这种需要未得到满足的状态下，人们就好像一直处在威胁的情境中，或忧心忡忡，或经常有过度防御反应。马斯洛认为，强迫症就是由于安全需要没有得到满足而引发的一种刻板行为。

（三）归属和爱的需要

当安全需要得到一定程度的满足后，它对行为的作用就变得不再显著。与此同时，归属和爱的需要就表现得清晰起来。这种需要是一种与他人建立亲密关系的渴求，是一种成为团队一分子的愿望，或者是一种我们“属于……”的自豪感。爱的需要包括接受别人的爱和给予别人爱。如果这种需要得不到满足，个人会特别强烈地感到缺乏朋友、缺乏亲密关系、缺乏配偶和孩子，或者强烈地感到孤独，感到在遭受抛弃、遭受拒绝，会产生举目无亲、孤苦无依的苦楚。

马斯洛认为，归属和爱的需要如果长期严重受阻可导致行为失调和病态，它是当今社会中各种行为问题最普遍的根源。

知识链接：归属需要的意义

美国心理学家鲍麦斯特和他的团队（1995）在对以往文献和实证研究整合和论证后，提出了归属需要理论。他们认为人类有一种广泛的形成和保持至少最小数量的、持续的、积极的、重要的人际关系的驱力——归属需要。这是人类的一种强大的、普遍存在的基本动机。该理论认为人类是一种为了建立和维持归属关系而进行自我驱动的生物。归属需要的满足取决于两个条件：第一，有和他人保持频繁的、情感上愉快的人际交往的经历；第二，这一人际交往在时间上稳定，涉及的情感内容和相互利益得到持续的关注。该理论认为归属需要作为人类的最基本需要，它的满足具有很多积极作用。

- 归属需要可以促进团体合作（De Cremer & Geoffrey，2003）。
- 归属需要会增加个体的助人行为（Schoenrade，Batson，Brandt & Loud，1986）。
- 归属需要的满足可以缓和应激的负面效应（Cohen，Sherrod & Clark，1986）。
- 归属需要的满足可以提升人的幸福感。

（四）尊重的需要

当归属和爱的需要达到一定程度的满足后，尊重的需要就成为影响行为的首要动机力量。尊重是一种寻求对自我积极和高度评价的需要。其中包括自尊的需要和他人尊重的需要。社会上所有的人都希望自己有稳定、牢固的地位，企望别人的高度评价，需要自尊、自主，并为他人所尊重。这种需要可以分成两类：一是在所处的环境中，希望自己有实力、有成就，对生活有信心，以及要求独立和自由；二是要求有名誉或威望（可看成别人对自己的尊重），受人赏识、重视、关心和高度评价。这一层级的需要既要求得到别人的承认，从而产生崇敬、认可等情感，同时又要求得到自我尊重，产生自足、胜任、自信等情感。两种情感通常产生于被认为对社会有用的活动中。当尊重的需要得到满足时，人们就会拥有自信和自我价值感，就会觉得自己的生命是有意义的。这种需要一旦受挫，就容易使人产生自卑感、软弱感，导致沮丧、无助甚至抑郁。

孩子也需要尊重①

有一次我因女儿无法准确地说出车牌上的那几个数字而对她大吼。每天傍晚散步的时候，我都会带着她在小区里认数，那停在广场上的车牌，便是我教她认数的对象。

在我看来，仅有三岁的她，认几个数字应该不成问题。可是实际上，我前两分钟才教会一个数，后两分钟她就忘掉。再问她，先是不说，而后，便是哭，我一气之下，对着她再度吼了起来。

平日里，我吼她，她只是哭，可是那天，女儿居然对我说："妈妈，不要在外面吼我，好不好?"一句话，竟让我听愣了，难不成这么小的孩子也有自尊心，也懂得不该当着外人的面吼她?

广场上的大人和孩子都特别多，随着我声音的高涨，往我们这边看的人也越来越多，忽然间，女儿竟然松开我的手，飞快往家的方向跑。那天，女儿哭得很伤心，而我也在那一刻感到很自责。

孩子毕竟是孩子，哄了没多一会儿，她便笑逐颜开。晚上的时候，躺在床上，我问她，为什么在广场上的时候，想着往家跑。女儿说："妈妈，你以后能不能不在外面吼我?我害怕。"

搂着女儿，我的心都要碎了。总是以为女儿小，以为想怎么说她就可以怎么说她，以至于常常不分场合不分地点地对着她大吼，如果不是因女儿的这句话，说不定，我还无法意识到自己的错误。

孩子也需要尊重，这是我以前所没有意识到的，我为我的无知而感到愧疚。在那之后，我很少当着外人的面吼女儿了。虽然，女儿有时也会让我很生气，但我知道，孩子那幼小的心灵，一旦受伤害，会对她今后的人生有着很大的影响，并且很难愈合。

（五）认知需要

人类是会思考的动物，拥有了解新事物的好奇心，也具有理解客观事物存在奥秘、预测未来发展趋势的需要，以及探求自己的过去、现在和将来的兴趣，这些动力倾向都表现了认知需要的作用。正是在这种认知动机驱动下，科学家才能够把毕生的精力花在探索新知识上，我们才能够通过科学家的发现了解到大自然和人类社会的无穷奥秘。

马斯洛认为，求知、理解和人的认知能力（感知、理解力和学习）都是用来解决问题和克服障碍从而满足基本需要的工具。他指出认知能力（感性和理性学习）是一整套适应性工具，它们除了具有其他功能之外，还有满足我们的基本需要的作用，很明显，我们所遭遇的任何威胁、剥夺或阻碍都需要通过人类的认

① 朱凌. 学会尊重 [N]. 今晚报，2012－05－06.

知能力来解决。这个观点部分地解决了这样一个普遍的问题，即为什么对于知识、真理和智慧的追求以及解释宇宙之谜是人类一直不变的欲望。

（六）审美的需要

审美需要主要指人类对秩序和美感的渴望，包括对秩序、匀称、完整和结构的需要以及存在于某些成人身上和几乎所有健康儿童身上的对行为完满的需要。马斯洛认为审美需要是类似本能的，它在自我实现者身上得到了最充分的表现。这种需要在人类各时期的文化中都有体现，最早甚至可以追溯到洞穴人文化时期。马斯洛认为，满足人的这一基本需要的直接前提，就是要有一个自由、公正的环境。

（七）自我实现的需要

自我实现的需要居于“金字塔”的顶端，它是马斯洛人本主义心理学的理论核心。所谓自我实现是指人的天赋、能力、潜力的充分开拓和利用，是对个人自我价值的最充分肯定和把握，是一种使个人自身朝着更加统一、完整、协调的方向发展的倾向。它是一种超越性和成长性的动机，其动力指向不是弥补欠缺，而是发展潜能、认识世界。马斯洛强调只有通过个人的“成长”，才能趋近自我实现，只有充分发挥个人的潜能、实现人性的全部价值，人才能成为自由的、健康的、具有高峰体验的人。高峰体验指人处于最佳状态的时刻的感受，即感到敬畏、强烈的幸福感、狂喜与欣慰的时刻，也是人一生中最能发挥作用，感到无比坚强、自信的时刻。在马斯洛看来，自我实现是完美人性的实现，或者说是丰满人生的实现，是个人潜能或特性的实现。

在马斯洛晚年，他又把自我实现划分为两种，即健康型的自我实现和超越型的自我实现。前者是指更务实、更能干的一种自我实现，后者是带来丰富超越体验的自我实现。

三、需要层次之间的关系

马斯洛在将人类需要划分为不同层次的同时，也阐述了不同需要层次之间的关系。具体包括以下四点。

1. 不同需要像阶梯一样从低到高，按层次逐级递升，但这种次序不是完全固定不变的，在某些特殊情况下需要层次之间的顺序也会有所变化。例如，“大丈夫不为五斗米折腰”、“舍生取义”等所描述的就是把自尊需要、自我实现的需要放在优先地位，而把基本生理需要放在次要地位的例子。

2. 需要层次理论有两个基本出发点：一是人人都有需要，某层次需要获得满足后，另一层次需要才出现；二是在多种需要未获满足前，首先满足迫切需要，该需要满足后，后面的需要才显示出其激励作用。

3. 一般来说，某一层次的需要相对满足了，就会向高一层次发展，追求更高一层次需要的满足就成为驱使行为的动力。相应的，获得基本满足的需要就不再是一股激励力量。

4. 这些需要可以分为两大类，其中生理需要、安全需要、归属和爱的需要以及尊重的需要都属于缺失需要，这些需要通过外部条件就可以满足；而认知需要、审美的需要和自我实现的需要都属于成长需要，它们只有通过内部因素才能得到满足，这些需要的满足可以促进个体的成长。同一时期，一个人可能有几种需要，但每一时期总有一种需要占支配地位，对行为起决定作用。任何一种需要都不会因为更高层次需要的发展而消失。各层次的需要相互依赖和重叠，高层次的需要发展后，低层次的需要仍然存在，只是对行为影响的程度大大减小。

第三节　基本心理需要理论

在当代动机心理学中有一种非常活跃的理论——自我决定理论，其创立者是美国罗切斯特大学的心理学家德西（Deci）和瑞恩（Ryan）。目前该理论作为积极心理学的重要组成部分，已经广泛深入到教育、体育运动、组织管理与创新、心理咨询与健康管理等多个学科领域中，对改善实践环境具有重要指导意义。

自我决定理论在大量实证研究基础上对动机与人格进行了深入而系统的分析，认为人是积极的有机体，具有先天的心理成长和发展的潜能。自我决定是一种关于经验选择的潜能，是在充分认识个人需要和环境信息的基础上，个体对行动所作出的自由选择。

自我决定理论的贡献集中体现在三个方面。

1. 区分了内部动机和外部动机，考查了社会情境因素对内部动机的作用，认为奖赏、他人控制和自我卷入对人的内部动机和兴趣都存在不利影响，强调胜任支持和自主支持有助于培育内部动机。这一观点构成了自我决定理论中的认知评价子理论。

2. 提出了外部动机的有机辩证整合理论，该理论认为人是积极主动的有机体，具有成长的倾向，具有掌握周围挑战的倾向，也具有对新经验进行整合以保持自我一贯性的倾向，这些自然的发展趋势并不会自动实现，它需要持续不断的社会营养和支持。然而社会情境对这些自然发展趋势的作用并不是固定不变的，有时候社会情境能够促进自然趋势的生长，有时候却会起阻碍作用，其关键在于社会情境是否能够满足人的基本心理需要。

3. 提出了基本心理需要理论，考查了基本心理需要与内部动机、幸福和健康的关系。指出基本心理需要的满足是影响内部动机、个人幸福与健康的核心因素。

基本心理需要理论是自我决定理论的一部分，也是自我决定理论的理论基础。这里我们重点介绍基本心理需要理论。

一、需要的定义

需要在不同的理论中有不同的含义，不同的理论提出的需要的数量也不同。根据德西和瑞恩（1991）的理论，需要被定义为像营养一样是生命成长、幸福和健康的基础。这个定义来源于生物学和进化论的界定方法，这种方法使用功能的标准来确定有机体的需要。例如，一种植物需要水分、阳光和特殊的矿物质。经过观察我们发现如果这些营养当中的某一种出现短缺或无法得到，那么植物的生长、健康和完整将会受到损害。德西和瑞恩将这一推理扩展到心理学系统，根据驱力理论和成就动机理论确定了决定人类行为的三种基本心理需要：自主需要、胜任需要和关系需要。他们认为，对于人类来说至少这三种类型的"营养"在功能上是人成长、完善和幸福的基础。他们预测个体所处的环境如果能够满足自主、胜任和关系需要，这样的环境因素将会促进幸福感；而阻碍这些需要满足的因素将降低人的幸福感。三种基本心理需要是人类健康发展最基本的和必不可少的。

二、三种基本心理需要

基本心理需要理论认为，自主需要、胜任需要和关系需要是人类普遍具有的三种基本心理需要。

自主需要（autonomy needs）指个人行动的自我启动及自我调节需要。自主需要并不意味着个体要求恣意妄为，它所关注的核心是拥有自我选择和自我决定的空间。例如，儿童很小的时候就希望自己挑选玩具来玩，上学了他渴望自己决定买什么样的书包，到了青春期更是喜欢自己主宰自己的一切。

胜任需要（competence needs）指的是一种有效地开展活动并获得预期结果的需要。例如，当一个人做事情的时候，总是希望自己能够掌控事情的发展进程，希望自己的行动对事情的进展产生影响，并渴望收获预期的成果。在胜任需要的作用下，人们总是希望自己把事情做好，以证明自己有能力和有价值。

关系需要（relatedness needs）是与他人建立密切的情感纽带与附属关系的需要，类似于归属需要，反映了人们在情感上渴望与生活中的重要人物建立亲密关系。

三、主要理论观点

（一）基本心理需要的满足是人类幸福与健康的基石

基本心理需要理论认为三种基本心理需要是人类获得最佳的心理发展和幸福感所必需的内在条件。基本心理需要的满足与否是人类天然的自我动机发展和个性整合的关键。这三种基本的需要，不仅是推动个人成长和整合自然倾向所必不可少的，而且也是建构社会发展和个人幸福的必要条件。因此，自我决定理论认为这三种基本需要是幸福感的三个基本因素，它们不仅仅是心理健康的最低要求，同时也是社会环境必须提供给人们以促进其成长和发展的基本养料。基本需要在人生各阶段中必须要得到满足，才能使人们体验到一种持续的整合感和幸福感。

许多研究通过测量基本心理需要的满足程度和心理幸福感的状况，检验了两组变量之间的关系。例如，在一项研究中，研究者（Ilardi，Leone，Kasser & Ryan，1993）调查了制鞋厂员工的需要满足程度。研究发现，员工对自主、胜任和归属需要的满足程度可以预测他们的幸福度、自尊水平和总体的健康状况。在另一项研究中，研究者对一个资料加工公司的工作人员进行调查后发现，他们对于自主、胜任和归属等基本心理需要的满足程度越高，他们的工作业绩和工作满意度也越高（Deci et al，2001）。研究者（Baard，Deci & Ryan，2004）在银行投资公司进行的调查也同样发现，员工基本心理需要的高满意度，可以提高活力、降低焦虑和躯体化。刘惠军等人（2012）研究发现，医务人员对自主需要和胜任需要的满足程度越高，其工作投入程度越高；同时，三种基本心理需要的满足程度与工作倦怠呈负相关。

（二）基本心理需要具有普遍性，它们广泛存在于不同文化、不同情境中

自我决定理论研究者认为对于任何人来说，无论年龄、性别、文化有何差异，这三种心理需要的满足都是个体积极发展和心理健康的基础。尽管，在年龄、性别和文化价值方面存在的差异会使得个体在需要的表现和满足的形式和方法上有所不同，但是需要本身和对需要满足的渴望却是相同的。

（三）基本需要理论关注的焦点是需要的满足程度

自我决定理论认为基本心理需求是人类普遍的、固有的，所以需要的强烈程度并不重要，重要的是基本心理需要的满足程度。所以该理论在研究中主要关注社会环境与基本心理需要满足之间的关系，即社会环境是支持还是抑制了基本心理需要的满足。

基本心理需要理论认为，当人们的基本需求得不到满足时，会有不同形式的防御过程，正是这些反应过程，而不是实际需求的强度上的差异，造成了人们在能力、归属和自主需要的追求和抱负上的不同。比如，当一个人的关系需要得不到满足时，他的反应常常是忽略和压抑自己内心深处与他人联系的渴望，并因此付出很大的心理上的代价，进而给个体健康带来损害。

（四）如果一个人在其过去的经验中基本心理需要没有得到满足，以后就会发展出一些满足需要的“替代品”

基本需要理论认为，人们在满足基本心理需要的过程中进行着整合，战胜挑战，使成长得以继续、健康得到维持。但如果外界环境使基本心理需要的满足受挫，机体本能地会对环境中的挑战作出最有效的可能实现的适应，比如产生新的

目标和需要，作为基本心理需要的“替代品”。例如，一个得不到关爱的男孩，会用各种方法引起别人的注意，哪怕这种注意是一种惩罚。这些“替代品”有多种表现形式，其中最常见的是远大理想、雄心壮志和宏伟的人生目标。例如，没有办法获得可靠的归属感和爱的人，也许会把金钱看成下一个最好的目标。他努力获得金钱，尽管这些并不能充分满足其归属与爱的需要，但能带来部分的其他满足。

值得注意的是，虽然这种由“替代品”带来的满足感具有很强的强化价值，使个体习得了追逐“替代品”的动机和行为方式，但它的潜在危害是巨大的。一旦这种习得的动机和行为方式相对稳固并保持下来，带到下一个情境中，就会进一步阻碍基本心理需要的满足，而基本心理需要没有得到满足的人，会更多地体验到与之伴随的负面情感。虽然替代性目标的实现会带来明显的价值感，使人获得满足和快乐的感觉，但是却无法带来内心的整合，也无法带来真正的幸福感。

知识链接：什么样的人生目标能够带来幸福？

自我决定理论将个体的人生目标分为两大类：内在目标和外在目标（Ryan，Sheldon，Kasser & Deci，1996）。

内在目标是那些可以自我满足，不需要借助于或屈从于任何工具性行为即可实现的目标，这些目标不需要替代物，而是直接为基本心理需要的满足服务。具有内在目标的人会体验到更多的幸福感。自我决定理论提出人主要有四种内在目标：

- 个人发展成长
- 有意义的人际关系
- 对社会的贡献
- 自身的健康

外在目标，又称为外在抱负，是由因基本需要没有得到满足而导致的内在不安全感引发的。因为人们不能满足基本的需要，为了获得确定的价值感，他们会追求外在的能够显示个人价值的目标。研究发现，那些自身基本心理需要未曾得到满足的人，其外在抱负会更强。由于外在目标的实现确实能带来价值感，所以也具有非常强的动力。但是由于雄心勃勃的外在目标只是基本心理需要满足感的“替代品”，所以外在目标的实现并不能带来幸福感。

自我决定理论提出人的主要外在目标有三个：

- 财富累积
- 有吸引力的被人羡慕的外表
- 名誉

例如，当一个女人追求自主或者爱时，我们并不会去问为什么，因为这些都是基本需要，满足了基本需要会产生幸福感。当一个女人倾向于适度地去追求金钱，我们也不会去问为什么，因为适度的金钱可以让她拥有舒适的房子，让她的子女受到良好的教育。而如果这个女人对财富的抱负水平过高，而且这种高抱负是为了补偿基本心理需要的缺失，这种财富追求就会带来很多消极情绪体验，而且会降低幸福感。

（五）人们在特定范围内表现出的个体风格差异实际上是他们的自主、归属和胜任需要的满足程度不同造成的

人们在过去的时间和境遇里所体验到的基本心理需要的满足方式和满足程度往往存在差异，透过这些差异可以比较清晰地看到个性总体水平上的动机差异。比如，当一个人的归属需要不能得到满足时，他们就会忽略和压抑自己内心深处与他人联系的渴望。基本心理需要理论认为，归属感的缺失会给个体健康带来损害，这个人在人际交往需要方面满足感的缺失会让他付出很大的心理代价，比如他可能停止对人际关系的追求，反而以事业为重，从中获得成就感以满足其胜任需要。正是由于基本心理需要满足程度的不同，导致了个体对其他需要的不同追逐形式，长此以往便形成了不同的人格类型。

第四节　满足需要的实践原理

一、关注个体的基本生理需要

马斯洛的需要层次理论强调，生理需要是最强烈的不可避免的最底层需要，也是推动人们行动的强大动力。如果基本生理需要得不到满足，不仅会影响个体的生存与成长，还会影响个体的活动效率和身心健康。但是在现实生活中，特别是在我们的教育环境中个体的基本生理需要常常被忽略，其结果常常导致学生整个学习动力系统的破坏。以下是家庭和教育环境中忽视儿童生理需要的一些不当做法。

1. 让孩子饿着肚子去上学。
2. 学生上课时有强烈的大小便要求时，强令其忍到下课。
3. 体罚学生或罚学生站着听课。
4. 为了提升学习成绩，强制学生起早贪黑地学习，大幅度延长学习时间。
5. 将中学生“早恋”看做洪水猛兽，用过分严苛的措施惩戒“早恋”的学生。

除了需要纠正以上不当做法之外，家庭和学校还应该努力为儿童的成长提供如下舒适的、安全的、能够满足儿童生理需要的环境。

1. 学校和公共场所要提供方便、卫生、安全的饮水和如厕条件。

2. 学校要切实解决好学生冬天取暖和夏天防暑降温的问题。

3. 学生餐厅在保证饮食安全、卫生的基础上，要在让学生喜欢、爱吃上下工夫。

4. 学校使用的桌椅要符合学生的年龄特征，保证学生坐着舒适。

5. 学校和家庭整洁、安宁，噪声小。

实践建议：帮助学生把缺的“觉”给补回来

“好困啊”、“让我再多睡五分钟”、“怎么天天都睡不够”、“我怎么睡不着觉呢”……以上这些话都出自中学生之口。目前，随着升学与择业竞争的加剧，中学生学习与发展的压力日益加大。为取得更好的成绩，他们往往自觉或被动地压缩睡眠时间，从而使较重的课业负担造成学生的精神长时间处于高度紧张状态。较多学生反映，由于课后作业较多和频繁的测验而不能够按时入睡。睡眠时间少、睡眠质量差已成为越来越多中学生的“常态”。2010 年 9 月 14 日，《哈尔滨日报》刊登的一则调查结果显示，哈尔滨市近六成中学生“缺觉”。在被调查的 1 324 名初、高中学生中，睡眠时间在 8 小时以下的比例为 59.5%，睡眠问题的总检出率为 26.1%。

睡眠是人最基本的生理需要，一般来讲，普通人的正常睡眠时间应是 6—8 个小时，而青少年的正常睡眠时间应是近 9 个小时。青少年普遍存在睡眠不足问题必须得到家庭和学校的充分重视。众所周知，人在足足一觉睡醒之后，会感觉心情愉快，精神饱满，精力充沛，在这样的身心状态下去工作、学习就会有更高的效率，而高效率的学习是提高学习动机的最直接因素。相反，睡眠时间少、质量差会导致记忆力和注意力下降、头痛和全身疲倦等身体不适症状，长此以往会大大降低学习效率，进而导致学习倦怠或厌学情绪。“缺觉”的学生容易厌学，也容易出现身心健康问题。所以建议家长和学校改变思想观念，创造各种机会，帮助学生把缺的“觉”给补回来。具体做法可以是：

1. 精心设计作业，做到少而精，给学生留出充裕的睡眠时间；

2. 创造尽可能安静的睡眠环境，帮助孩子尽快入睡；

3. 督促孩子尽早、尽快完成作业，尽早上床睡觉，争取睡眠时间；

4. 午饭时间不要拖沓，尽可能让孩子中午“小睡”半小时；

5. 晚上写作业时，先做需要动脑筋思考的作业，后做简单的作业，这样可以避免学生因睡前大脑过度活跃而入睡困难。

二、帮助儿童建立稳固的安全感

在马斯洛的需要层次理论中，安全需要居于生理需要基础之上。依据其理论假设，当个体的生理需要达到一定程度的满足之后，安全的需要就上升到主导地位。安全需要虽然涉及社会环境安全、生命财产得到保护、摆脱失业的威胁、生活有保障、病有所医等，但更多地是一种内心的安全感需求。安全需要得到满足的人内心会产生一种安全感，它是心理健康的基础。有安全感的儿童才能有自信和自尊，才能与他人建立信任的人际关系，才能积极挖掘自身的潜能。而缺乏安全感的儿童更多地会感知到孤独和被拒绝，对他人通常持有不信任、嫉妒、傲慢、仇恨和敌视的态度，行为上也更容易出现逃避、退缩或攻击性的行为，较难建立良好的人际关系。缺乏安全感也是多种心理疾病的根源之一。

那么哪些因素能够满足儿童的安全需要，帮助儿童建立安全感呢?

（一）稳定的家庭结构和有规律的生活

马斯洛指出，儿童的安全需要表现在他们喜欢一种安稳的程序或节奏，需要一种有组织、有结构的可以预见的世界，这个世界里有常规、固定的可以依靠的东西。这个能够给儿童带来安全的最直接的世界就是家庭，稳定的家庭结构，家庭内融洽的人际氛围，有规律的生活节奏都是满足儿童安全需要不可缺少的条件。相反，家庭内的争吵、打斗、分居、离婚对儿童来说都意味着安全威胁。同样，如果家庭生活没有规律，儿童总是处在颠沛流离的状态下，其安全感也很难建立起来。

（二）稳定—接纳的抚养方式

社会文化精神分析学派的代表霍妮（Karen Horney）认为儿童早期安全需要的满足与否完全取决于父母。鲍尔比（1980）在其儿童依恋理论中也提出，态度温和、接纳型的母亲会被孩子看做安全与支持的来源。所以父母的抚养方式和抚养质量在满足儿童安全需要、提升儿童安全感方面具有重要意义。什么样的抚养方式有利于儿童建立稳固的安全感呢? 安斯沃思等（1971）从敏感—不敏感、接受—拒绝、合作—干涉、易接近性—忽略四个维度对母亲的抚养行为进行过区分。他考查了母亲的抚养模式与儿童依恋安全性的关系，结果表明，安全型儿童的母亲多具有一致和稳定的接纳、合作、敏感、易接近等特点，而回避型儿童的母亲则倾向于拒绝、不敏感。由此看来，母亲一致和稳定的接纳、合作、敏感、易接近等特点是提升儿童安全感的重要因素。

马斯洛指出，父母对孩子大发脾气，吓唬或谩骂，粗暴地体罚，都会使孩子惊慌失措，惶恐万分，给孩子的安全感带来极大威胁。在这样的抚养环境中长大的孩子可能会依附于自己的父母，但这不是出于对爱的希望，而纯粹是为了求得安全和保护。

（三）儿童早期的依恋关系

研究者发现儿童早期与母亲分离导致的母爱缺失会造成安全感缺乏。鲍尔比（1973）指出，应尽可能保持儿童早期依恋关系的持续性，因为切断这种依恋关系会损坏儿童心里的安全感。对于失去母亲的儿童来说，早年稳固的同伴依恋也能够起到一定的补偿作用。安娜·弗洛伊德等曾报告过六名失去母亲儿童的故事，这些孩子的母亲在第二次世界大战中都被纳粹抓走杀害，这六名儿童在集中营里一直待在一起，他们彼此形成了非常牢固的亲密关系，尽管他们出生几周后就失去了父母，但由于同伴的存在使他们克服了“母爱关怀”的缺乏。

三、尊重学生个性，创设自主支持的学习和生活环境

尊重需要是马斯洛需要层次理论的重要组成部分，自主需要是自我决定理论的核心内容，满足个体这两种需要的学习、生活环境应当具有自主支持的特征。自主支持的环境特征表现为给人自主选择的机会，鼓励人创新，支持人展示自己的能力（Deci et al, 2001）。这种环境能够提升人的内部动机。无论是家庭、学校，还是其他组织的工作场所，都应该努力创设这种人际氛围。

（一）给团队成员参与决策的机会

1. 在决定一件事情的时候，给予大家（家庭成员、学校里的学生、组织内的员工）发表个人意见的机会，经常问：“你怎么看?”

2. 允许成员参与任务的设计。

3. 允许人们在任务中进行选择，给个人提供控制自己学习活动的机会。

4. 允许成员选择完成任务的方式，给予个体何时完成任务的决定权。

（二）帮助个体发展自主完成任务的能力

1. 指导团队成员制订符合个人情况的发展计划。

2. 指导个体监控自己计划的实施情况。

3. 给予个人自我评定的机会，如让学生自己评价他们的一部分作业。

4. 用促进团队成员自己完成任务的方法给予帮助，比如，当学生不会做某道数学题时，不是为他讲解答案，而是告诉他可以再看看书上哪部分知识，看看书上的哪道例题。

（三）以理服人，以建议代替命令

1. 要求别人做某件事情，要把道理讲清楚，不要强制命令。

2. 慎用“必须”、“你应该”等词汇，多使用“我建议……”、“你看这样好不好?”

（四）鼓励创新，多向团队成员传递提升其自信心的信息

1. 将个人创新作为一项评价指标，并予以奖励。

2. 将长期目标进行分解，鼓励成员一步一个台阶来提升自己的业绩。

3. 提供能够区分不同努力程度的任务，并通过及时反馈传递努力之后的收获。

四、给予个体自我实现的机会

1. 努力营造自由宽松的学习和工作环境。

2. 给予个体自我创造的空间。
3. 把错误看做是经验增长、能力发展的过程。
4. 多提供具有新意的、挑战性的任务。
5. 少用物质奖励和规范标准约束个体。

【建议参考资料】

1. 皮特里，戈文. 动机心理学［M］. 郭本禹，译. 西安：陕西师范大学出版社，2005.

2. 斯莱文. 教育心理学：理论与实践［M］. 姚梅林，译. 7 版. 北京：人民邮电出版社，2004.

3. 马斯洛. 动机与人格［M］. 许金声，译. 北京：中国人民大学出版社，2007.

4. DECI E L, RYAN R M. The what and why of goal pursuits: human needs and the self-determination of behaviour［J］. Psychological Inquiry, 2000, 11 (4): 227 – 268.

【问题与思考】

1. 如何理解需要的概念?
2. 论述马斯洛的需要层次理论。
3. 基本心理需要理论的主要观点是什么?
4. 结合生活和工作实际，阐述如何发挥需要的动机作用。

第三章 诱因与奖赏的动机作用

【本章提要】

为什么看到琳琅满目的商品我们就有一种购买的冲动？为什么闻到十里飘香的粽子我们就有一种品尝的冲动？为什么听到美妙动听的音乐我们就有一种哼唱的冲动？古语说：棍棒之下出孝子。难道惩罚真的有效吗？古语又说：重赏之下必有勇夫。难道巨额的奖赏一定会如我们所愿，激发更多更好的行为吗？以上这一系列问题的答案都涉及动机心理学中的诱因、奖赏以及诱因理论。所谓诱因是指人们试图得到或避免的目标与情境刺激。奖赏是一种能够强化并推动某种行为的刺激物。而诱因理论是指一种强调外界诱因与奖赏在行为激发和维持中的作用的理论。目前心理学对诱因动机进行了广泛深入的研究，形成了比较丰富的诱因理论，诱因和奖赏的使用在现实生活中也发挥了重要的作用。本章重点介绍诱因和奖赏的含义，详细阐述两种重要的诱因动机理论，即强化理论和期望价值理论，进而分析在现实生活中如何合理运用诱因与奖赏来激发和维持行为。

【学习重点】

1. 掌握诱因和奖赏的定义及其特点。
2. 了解诱因的主要功能。
3. 理解正强化、负强化和惩罚的区别与联系。
4. 掌握强化理论和期望价值理论的内容及其应用。

【重要术语】

诱因　奖赏　操作性条件反射　强化　正强化　负强化　惩罚　期望　价值　强化理论　期望价值理论

第一节 诱因概论

一、诱因和奖赏定义

什么是诱因（incentive）？最初，诱因是指某种刺激具有引发特定反应模式的能力，如定向、趋近或探究行为（Bindra，1974）。比如，与食物有关的刺激，如扑鼻的香味、气派的餐厅或者诱人的食物广告，这些刺激就可能引发特定的反应，如将注意力转向食物，趋近食物进而获得食物。后来一般认为诱因是人们试图得到或避免的目标与情境刺激。它可以分为积极诱因和消极诱因。个体趋向或接受某种刺激而获得满足的，即为积极诱因；而个体回避或离开某种刺激而获得满足的，即为消极诱因。如对于孩子而言，家长的表扬或奖励就是积极诱因，而家长的批评或惩罚就是消极诱因。与诱因密切相关的一个概念是奖赏（reward）。它是一种能够强化并推动某种行为的刺激物。虽然诱因和奖赏这两个概念经常交替使用，但它们之间还是存在些微差别。诱因是一种奖赏，但是由于具有诱导作用，它比奖赏更为明确。而奖赏只有当事先试图改变并有能力改变行为时才能成为诱因。例如，周末校长给所有教师提供午餐，这并不要求教师有更好的业绩行为。相反，校长仅给某些优秀教师提供积极诱因是因为他们所教的班级取得了更好的成绩。为了避免混淆，在本书中我们也将奖赏视为一种诱因。

二、诱因的特点

（一）速效性

物种的进化，使得人类具有一种先天本能——趋利避害，人类才得以生存和繁衍下来。积极诱因引发人们的趋利行为，而消极诱因引发人们的避害行为。因此，诱因对行为的激活或抑制能起到立竿见影的效果。只要提供的诱因是人们所渴望和需要的，对他们来说是有利的，就会激发人们的趋向行动；如果提供的诱因是人仍所害怕和不需要的，对他们来说是有害的，就会激发人们的回避行为。比如动物园的训练员通过给海豚提供可口的食物，就能激发它们表演各种优美、高难度的动作的欲望；学校里的教师通过给学生物质奖品和精神鼓励，就能激发学生发奋学习；工作场景中的领导通过提供优厚的薪酬和福利待遇，就能调动员工的工作积极性。消极诱因的例子在日常生活中也比比皆是，这里不再赘述。

（二）特异性

首先，诱因的价值可能每时每刻都是不一样的。个体在追求成功目标的时候，可能工作非常投入，这时候，丰盛的晚宴、热闹的聚会对他们来说不是诱因，也不会影响他们的行为。但当目标达成后，他们就会为了饱餐一顿美食，在闹市四处寻找心仪的酒店。而一旦他们享受完之后，同样一桌饭菜就不会对他们产生诱惑，对他们不具有价值。其次，诱因的价值随场景而变。例如，获得父母的表扬对孩子而言，可能在某些场合下具有积极的诱因价值，然而在其他场合下不具有诱因价值。当在家中的时候，父母的表扬对孩子可能是积极的诱因，但是当孩子的朋友来访的时候，他们可能表现得不乖，以避免得到父母的表扬。这样做的目的是害怕朋友的取笑。此时，父母的表扬就具有消极的诱因价值。再次，诱因的价值因人而异。萝卜白菜，各有所爱。一种刺激可能对人物 A 具有积极的诱因价值，而对人物 B 没有积极的诱惑甚至具有反向的作用。例如过山车对于爱冒险、寻求刺激的人来说，非常有诱惑力；而那些胆小、恐高的个体对此就非常抵触。

（三）多样性

凡是能够引起个体动机的外在刺激都可以成为诱因，这包括人、事、物和情境等。诱因既可以是物质性的东西，也可以是精神的东西。例如，金钱、食物是驱使人行动的物质诱因；外出旅游归来的同学对名胜古迹绘声绘色的描述，就是驱使其他同学去旅游的精神诱因。甚至思维也能成为诱因，如对美好未来的憧憬，就能激发人更加努力地学习或工作。

（四）短时性

诱因作为一种外在动力源，有时候只能发挥短期的效果。因为如果行为的原因仅仅是获得奖励、逃避惩罚的话，个体就不容易将该行为长期保持下去。例如，学生为了获得一个好的考试成绩，常常会在临近考试的时候挑灯夜战，废寝忘食。但是，一旦考试结束了，学生就容易放松学习，对知识不求甚解。甚至现实生活中还有这样的例子，先给出了奖赏后又撤走奖赏，会使最终的行为水平比没有奖赏出现时的水平还低。下面是一个有趣的故事，恰好说明了这个原理。

有一位退休的老人为了过安静的日子，搬到了郊外，选择了周围有一片美丽草坪的房屋。但好景不长，一群孩子每天都来这草坪上踢足球。他们嬉笑打闹，严重影响到了老人的安静生活。老人绞尽脑汁，想了很多招，但不管好言相劝还是威吓，都无济于事，孩子们每天都按固定的时间来这儿踢球，毕竟这片草坪太好了。突然有一天老人灵机一动，想出一个好方法。他笑嘻嘻地对孩子们说："孩子们，欢迎你们每天来这儿踢球，我非常喜欢。这样吧，为了感谢你们每天来这儿踢球，我每次给你们每人 10 元作为感谢。"孩子们很怀疑有这等好事，但老人真的每天给他们每个人 10 元钱。过了一段时间，老人说："很遗憾，我这段时间手头有点紧张，我每天只能给你们每人 5 元钱。"又过了一段时间，老人又说："孩子们，我最近比较穷，我现在每天只能给你们每人 1 元钱了。"第二天，来的孩子少了，第三天来的孩子更少了，他们都愤愤不平："这老头太小气了，我们这么辛苦地为他踢球，可他给的钱却越来越少。我们为什么要那么卖命地为他踢球啊？"后来，没有一个孩子来这片草坪踢球了。

（五）折扣性

在某些特定的条件下，丰厚的诱因不但不能促进行为的发生，反而可能使个体对从事的活动失去兴趣。有时候，重赏之下未必有勇夫，甚至所得的结果事与愿违。心理学上有这样一项经典实验：让一些学生做一项非常乏味的工作，然后将他们分成两组，其中一组给 20 元，而另外一组只给 1 元。当问及学生是否喜欢这项工作或感到有趣时，拿 1 元报酬的这一组都说这项工作很有趣，然而拿 20 元报酬的那一组反而都说这项工作枯燥无味。

三、诱因的功能

诱因是激活和维持行为的一个重要因素，是某种目标物的刺激特征（S）与导向目标物的反应（R）之间的中介变量（M），即刺激、中介和反应三者的关系可以表示为S→M→R。奥弗迈斯和劳里（1979）通过许多研究表明上述联结关系实际上可以分解成刺激与中介的关系（S→M）和中介与反应的关系（M→R）。那么，诱因到底具有什么功能？归纳一下，诱因主要具有以下功能。

（一）诱因是行为的增能器

早期的研究者强调内驱力（如饥饿、性）在指引行为上的作用。后来的研究者发现，外部对象也能激发行为，在行为的发生和维持中也起到重要的作用。克雷斯皮（Crespi，1942）的经典实验为此提供了充分的证据。该实验训练老鼠跑过一条狭窄的通道以得到一些食物颗粒。老鼠被分成三组，一组老鼠得到的是大奖赏（256 颗），一组老鼠同样的行为得到的奖赏却很少（1 颗），最后一组是控制组，整个实验过程中都得到 16 颗食物颗粒。在第 20 次实验时，克雷斯皮将两个实验组的奖赏数量都改成 16 颗，这样，在每次实验中，三组得到的食物颗粒是一样的。与控制组相比，原先奖赏多的一组，由于现在奖赏变少，跑过通道的速度急剧下降；而原先奖赏少的一组，由于现在奖赏多，跑过通道的速度快了很多（见图 3－1）。

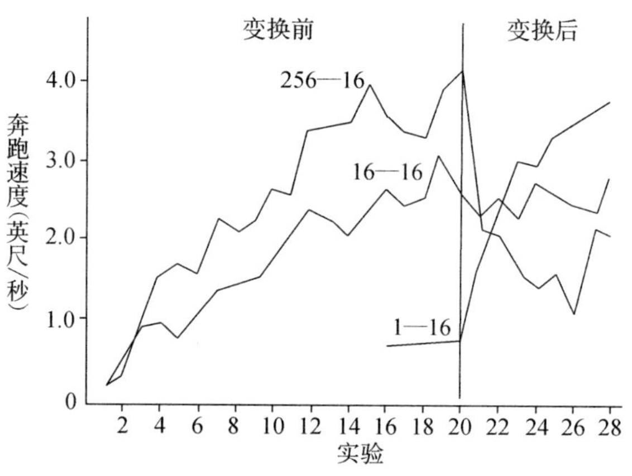

图 3－1　克雷斯皮的诱因动机实验

（二）诱因是情绪的发生器

莫勒（1960）强调了诱因动机的情绪作用。在他看来，诱因动机与情绪反应的学习之间是紧密联系的。他提出了四种基本的情绪：恐惧、希望、宽慰和失望。与恐惧状态相联系的情绪反应会与恐惧发生时存在的刺激产生联系，如电击或食物剥夺都会引起恐惧的情绪。任何在希望发生时存在的线索都会与希望的情绪相联系，并最终成为希望即将来临的信号。如“望梅止渴”，口渴的人看到不远处的一片结满果实的杨梅树，希望情绪就会油然而生。当预示内驱力下降的希望线索并没有真正产生驱力下降时，失望情绪就产生了。例如，在沙漠中跋涉的行人，远远看到前面有一片绿洲，走近一看结果却不是，就会感到无比失望。同理，当标志厌恶刺激的线索被移走时，宽慰情绪就产生了。如害怕打针的孩子，一看到护士拿走了注射器，马上就松了口气。移走恐惧线索时存在的刺激就会成为宽慰的信号。因此，外在的诱因线索会引起情绪，进而影响到后续的行为。产生希望和宽慰情绪的刺激会保持个体的行为，而与恐惧和失望相联系的刺激会激活回避行为。

（三）诱因是信息的载体

一些理论家强调诱因动机线索在提供信息方面的重要性。个体多次体验过的诱因能够建立相应的认知期望，如孩童连续多次哭闹都得到了父母的关注和想要的玩具，就会期望这次的哭闹同样能得到父母的关注和想要的玩具。诱因能够成为预测线索，激发正在进行中的行为并促使该行为完成。有些任务不能有效执行，可能就是因为与该任务有关的诱因线索不能够预测该项任务会成功。例如，孩童不认真做学校功课，可能就是教师或家长从来没有表扬过他的作业，他缺乏这方面的成功体验。此外，诱因还为生活提供了意义性。例如，与父母、同学和朋友的亲密、和谐的关系给生活增添了许多乐趣，为人生增加了许多价值。同样，一位父亲在外四处奔波、辛勤劳作却充满笑容，因为他同时想到了家中贤惠的妻子和嗷嗷待哺的幼儿。

四、诱因的理论

诱因是如何发生作用的？持诱因论的学者认为这里面存在两套机制：感受—激励机制和预期—激励机制。前者用来解释个体对特定刺激物的敏感性，以及由此对行为产生的激励作用或激励后果。例如，当食物的香味扑鼻而来时，人会顿生饥饿感。此时，饥饿感可能并非源自于机体内在的内驱力，并非通常意义上的人的最基本的生理需要，而是由于另外的生理机制在起作用。例如，一项研究表明，食物的外观和气味等感觉属性能够引起诸如分泌唾液、胃液、胰岛素等引起饥饿的预备反应。这类特定的生理机制并不对个体产生驱动作用，而只是使个体对某些类型的刺激物特别敏感。

预期—激励机制是指因对行为结果的预期而产生的行为激励后果。持该理论者认为，个体关于行为奖赏的预期将直接影响其活动状态。如果行为预期的奖赏效果好，个体将处于更高的活动水平；否则，将处于较低活动水平。例如，在一项经典实验中，猴子观察实验者将食物放入两个容器中的一个，一段时间后，若猴子能作出正确的选择，就能得到奖赏。在一些实验中，实验者趁中间那段时间（猴子没有看见）将奖赏从猴子喜欢的香蕉换成不喜欢的莴苣，结果猴子不是拿起就吃，而是对实验者充满愤怒地尖叫。

感受—激励机制和预期—激励机制是解释诱因动机如何产生作用的两种不同理论取向。这两种取向不断发展成熟，最终演化成为解释诱因动机的两大理论：强化理论和期望价值理论。下面分节详细阐述这两个理论。

第二节 强化理论

强化理论是由美国心理学家斯金纳提出的。他通过一系列的动物实验（如老鼠和鸽子等的实验），建立了自己的行为主义的王国。他不但建构了独特的操作性条件反射体系，而且创立了完整的强化程序。刚开始，他的理论主要用于训练动物，如训练警犬和马戏团的动物。后来，他的理论广泛运用于人的行为分析，成为学习理论的重要基础之一，并有效地用于行为的激励和改造。

一、操作性条件反射理论概述

强化理论是操作性条件反射理论的重要组成部分，为了帮助大家更清楚地理解强化理论，我们先简要介绍一下操作性条件反射理论。

操作性条件反射理论的创立者是美国著名心理学家斯金纳（B. F. Skinner, 1904—1990）。他生于美国宾夕法尼亚州，获得汉密尔顿学院文学学士学位之后，到哈佛大学潜心专攻心理学和生理学，并获得哲学博士学位。他提出了操作性条件反射，创建了操作性行为主义体系，并将强化原理广泛运用于实践，在程序教学和行为矫正方面都取得了丰硕成果。晚年他又将自己的理论延伸到行为哲学领域，试图用于社会改造。斯金纳是20世纪最伟大的心理学家之一。

斯金纳认为人类存在两类行为模式，一种行为和特殊的刺激相关联，为应答性行为（或反应性行为）。这类行为只有当特定刺激出现后才能有反应，所以这类行为很被动。另一种行为是操作性行为，与前类行为正好相反，它不是在刺激—反应控制条件下的行为，而是和以后发生的事件相关。在实际生活中，该类行为大量存在，如穿衣、说话和写字等大量行为的产生似乎没有明显的刺激引发，更多是自发产生的。即使有些行为是由某种刺激引发的，但刺激在其中的作用也非常小。

斯金纳（B. F. Skinner）

那么，操作性行为是怎么形成的？斯金纳认为它们是操作性条件反射的结果。操作性条件反射是指在某种情境中，由于个体的自发的反应产生的结果而导致反应强度的增加，并最终与某一刺激间建立起新的联系的过程，简而言之就是反应—刺激的联结。斯金纳通过发明一种叫斯金纳箱的特殊学习装置，对老鼠进行的精巧实验发现了这类操作性条件反射。箱内装有一个操

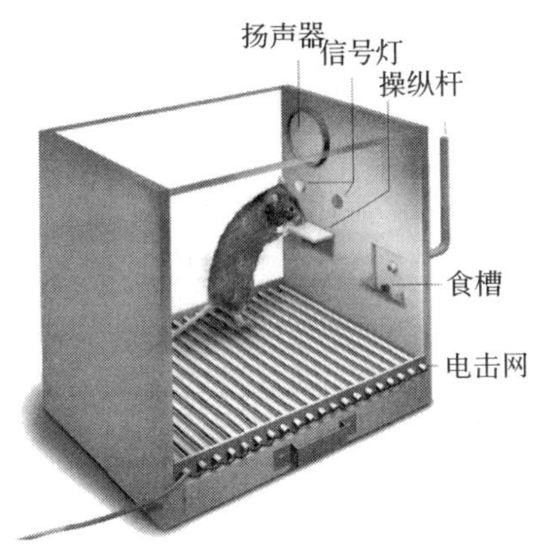

图 3－2　斯金纳箱

纵杆（踏板），踏板与另一个提供食丸的食槽连接。实验时把饥饿的小白鼠放置在箱内，小白鼠会在里面上蹿下跳，盲目地寻找食物，当它偶然踏上踏板时，踏板带动食槽，便会有一粒食丸落到箱内。小白鼠经过几次尝试，便学会了通过按压踏板而获得食物的活动。它就会不断按压踏板，直到吃饱为止。这就形成了操作性条件反射。

操作性条件反射形成的关键在于反应之后伴随的强化刺激。例如，儿童牙牙学语的时候，可能会发出各种不同的声音。随着父母强化某些反应——如儿童发出跟“妈妈”或“爸爸”相似的声音，父母就给予奖赏和称赞，结果孩子由于得到强化而学会叫“妈妈”和“爸爸”，而另一些反应则会逐渐消失。在这个过程中，强化起到了至关重要的作用。

二、强化的含义和种类

斯金纳认为，不管是人还是动物，其操作性行为是通过强化而形成的，强化对行为起着动机作用。首先，斯金纳对强化物下了定义，认为任何能够增加反应概率的刺激物都是强化物。其次，他还把强化物分成两种类型：一种是正强化物，它是指跟随在一个操作性反应之后，并能提高这个反应概率的刺激物；如食物、金钱、性和表扬等都属于正强化物；另一种是负强化物，它是指一种刺激，把它从某一情境中排除，结果加强某一操作性反应的概率，这种刺激就是负强化物，如噪声、电击和厌恶的刺激等都属于负强化物。正强化物和负强化物都鼓励了人的行为，它们强化了反应，增加了其重复的概率。但是，惩罚正好相反，它们削弱了行为，并减少了其发生的可能性，如孩子因为考试不及格而被父母责令一个月不许上网就是惩罚的一个例子。

此外，还可以根据其他标准对强化进行分类。例如，根据强化物的性质，可以将强化分为物质强化和精神强化两种。物质强化包括有形物品的奖赏，如糖果、食物、金钱等；精神强化则包括表扬、称赞和鼓励等。根据强化的层级，还可以将强化分为一级强化和二级强化两类。一级强化物能直接起到强化作用，它们满足的是人的基本生理需要，如食物、水、性和安全等。二级强化物原本不具有强化作用，但通过与一级强化多次联合，就能获得自身的强化性质。例如，人民币原本就是印刷出来的纸，但在市场流通可以用来购买房子、食物等东西时，就对人的行为有激励作用。根据强化的程序，可以把强化划分为两大类型：连续强化和间隔强化。连续强化指的是每一次理想行为出现时，都给予强化。而间隔强化指的是选取理想行为中的一部分进行强化。下面我们将对强化程序进行更为细致的描述。

三、强化的程序

在经典条件反射中，条件刺激只有与无条件刺激多次同时出现后，单独出现条件刺激才能引起条件反射。与之相类似的是，在操作性条件反应的形成过程中，一般也需要提供多次强化。但是不管在实验条件下还是在日常生活中，每一种操作性反应受到的强化次数不同，也不是按照固定的程序来进行。例如，买彩票并不可能每一次都会中奖，但还是有很多人乐此不疲。因此，斯金纳认为如何设计一个完美的强化程序，通过间隔的强化来激发和维持操作性行为，不光是行为主义实验研究中需要探讨的问题，而且是个具有非常重要的社会价值的实践问题。因此，斯金纳及其同事经过系统研究，提出了一套完整的强化程序。根据强化的组织和实施方式的不同，可以将强化程序分成以下三种类型。

（一）连续强化程序

这种强化程序是对有机体的每一次操作都给予强化。比如，对于一个有不准时上课习惯的学生，每次他准时上课，教师都会表扬他这种行为。这种方法虽然有效，但在生活中实施有困难。

（二）间隔强化程序

在第一次对操作行为进行强化后，由外部条件控制，按照一定的时间间隔对操作进行强化。间隔强化取决于上次强化过后所经历的时间，个体在第一次恰当的行为之后要再经历一段时间才能得到强化。根据时间间隔的安排，又可以分成两种程序。

1．固定时距强化。这是按照固定的时间间隔，对操作性反应进行强化。例如，每隔 5 分钟或 10 分钟就给予一次强化，而不管个体在这一段时间内作出多少次反应。在现实生活中，固定薪酬制度就是这样的一种强化方式，职工会在每月预定的时间间隔基础上领到工资。这种强化程序的缺点是，当每一次强化的反应终结以后，开始一段时间反应很弱，甚至不出现反应，直到下一次强化物快要出现的时候，反应才又加快。这大概是因为个体知道过一段时间后才给予强化的缘故。因此，该类强化程序下的反应率较低且操作性行为不容易长久维持。

2．变化时距强化。使用这种强化程序只规定一个平均时距，例如，平均每 10 分钟强化一次，但每次强化之间的具体间隔时间或长或短上下波动。比如大学教师在新课的开始就会告诉学生这学期会有多次考勤（具体的考勤次数学生并不知道），这些考勤占总分的 30%。他们所运用的就是变化间隔强化。这种强化程序可以避免固定间隔造成的缺点，使个体的反应保持平稳和均匀地出现，且建立的反应不容易消退。

（三）比率强化程序

这种强化程序是按照事先确定的次数标准来实施强化的方案。它也是一种非连续型的强化模式。但与间隔强化不同的是，其强化次数的多少是以个体反应为基础的。个体反应越快，得到的强化越多。这种强化也可分为两种程序。

1. 固定比率强化。指以反应出现的一个固定次数为基础来进行强化的程序。例如，每出现 10 次反应就给予一次强化。工厂里的计件付酬方式就是固定比率强化，工人在自己生产的产品件数基础上得到报酬。如果一个玩具厂的工人每组装一个玩具就得到 10 元，那么强化的多少（在这一实例中是报酬）取决于组装玩具的固定数目。每组装一个玩具，这名工人就能得到 10 元。这种强化的效果好，反应出现的速率也高。例如，工厂里实施计件工资就比计时工资效果好，说明固定比率强化程序优于固定间隔强化程序。但是该类强化程序也会出现与固定间隔强化程序类似的缺点，在刚刚接受强化后的一段时间内，反应减弱。而且这种方式也很容易因为取消强化而使行为消退。

2. 变化比率强化。这类强化程序是以个体的反应为基础，规定一个标准次数（或强化与不强化的比率），但在实施强化时，以该标准为平均数，强化次数可以灵活掌握，这样可以收到最好的效果。在斯金纳的动物实验中，鸽子的反应快到每秒啄 5 次，并且能够保持好几个小时。在现实生活中，推销员就是这种强化程序的例子。有时对于潜在的客户，他们仅仅登门拜访一次就能做成一笔买卖；有时，他们可能要数次甚至很多次才能谈成一笔交易。再比如，赌徒容易赌博上瘾且不容易戒除，就是因为不确定哪次会好运连连、一夜暴富，即使输得血本无归也会期盼下一次能够扭转乾坤。

综上所述，不同强化程序的效果是不同的。连续强化程序容易出现过早的满足感，一旦强化物消失，行为就很可能马上衰减。但是，该类强化方式适用于行为的起始阶段、不稳定的或低频率的反应。相反，间断强化程序不容易产生过早的满足感，由于它并不是每一次反应之后都有强化，因此这种方式适用于稳定的或高频的反应。如在一个研究中，两只同样饥饿的老鼠由于所受强化程度不同而发生很不一样的行为反应。图 3－3 展示了固定时距强化、变化时距强化、固定比率强化和变化比率强化程序反应的结果。从该图可以看出，在比率强化下，尤其是在变化比率强化下，强化效果非常明显，反应速度也快。

强化程序对于理解动机是很重要的，因为它能影响个体的行为。例如，斯金纳的强化程序技术应用于程序教学和行为矫正，就产生了巨大的社会价值。但是，由于强化理论主要强调外在的刺激、外在的反应以及外部的强化，忽视了个体内在认知因素的影响，因此受到了众多研究者的批评。目前公认的看法是，强化理论对解释行为如何发生和维持无疑具有重要的作用，但还可以从其他视角或理论对之进行新的阐述。

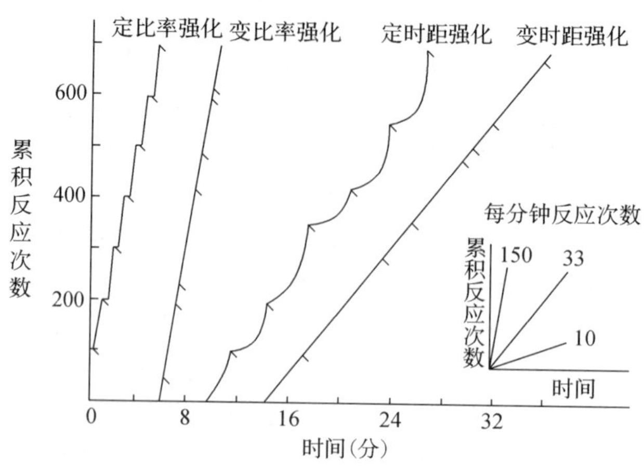

图 3-3　不同强化程序下所得到的累积反应次数曲线图（J. L. Williams，1938）

第三节　期望价值理论

除了可以从强化理论的视角来解释诱因是如何激发和维持行为外，期望价值理论也是用于解释诱因如何起作用的另一个重要理论。但是，该理论摒弃了强化理论中的“强化”概念，转而采用“期望”这个来自于个体内部的认知概念来说明一个特定的反应发生后会有什么情况出现。这种转变顺应了心理学学科的发展和人对客观事物的认识发展规律。心理学家越来越认识到，强化理论在解释个体行为动因上采用的是机械的、还原论的视角，而忽视了人的主体意识和价值，忽视了行为的整体性和目的性。他们越来越接受“有机体总是积极主动的”这样一种信念，在动机研究过程中开始从“是什么发动或终止了有机体（的行为）”转向对行为方向（或者说如何进行选择）的研究。期望价值理论有一个基本假设：行为的发生不但依赖于人们认识到的行为导致目标实现的可能性，而且依存于目标的主观价值。因此，个体在任何时候都面临着一个可选择的目标名单，每一个目标都有它自己可以实现的主观可能性和被指定的价值，期望和价值两者联合才能产生动机倾向。在每一个行动中，动机价值最大的目的就是“赢”。例如，针对“上师范院校”这一目标，如果个体觉得没有达到目的的机会，那么指向目的的动机就比较弱；如果个体认为自己很容易被师范院校录取，但不想前去就读，动机同样比较弱。因此，只有高评价和高期望才能导致最强的动机。有关期望价值的理论很多，我们先简要介绍早期托尔曼的期望价值理论和勒温的期望价值理论，再接着详细介绍现代的期望价值理论。

一、托尔曼的期望价值理论

新行为主义代表人物托尔曼（E. C. Tolman）在动物实验的基础上，认为传统行为主义的“刺激（S）—反应（R）的联结”过于简化，应当修正为“刺激（S）—中介变量（O）—反应（R）”的关系。其中中介变量就包括“期待”。他认为行为的产生不是由于强化，而是由于个体对一个目标的期待造成的。他将期待定义为刺激与刺激的联系（S1—S2）或反应和刺激的联系（R—S2）。例如，看见天空乌云密布（S1）就期待暴雨（S2），这是由刺激引起的期待；平时刻苦学习英语（R），期待能通过英语考试（S2），这是由反应引起的期待。他还认为不能将行为分解成最小的刺激—反应水平，而应该着重考虑行为的整体性和目的性。在学习的过程中不是孤立地建立“刺激—反应”，而是在头脑中形成一个“认知地图”，以更好地进行反应。比如，从家到学校有好几条路线，个体一般会选择最短的路线，但是某天这条最短的路线因为维修而暂时限行，个体就会选择其他的路线。

托尔曼所提出的期待概念对理解我们日常生活中的行为具有重要的参考价值。由对目标意义、价值的认知而产生的期待成为人们努力学习和工作的主要动力来源。如科研人员期待重大发现而认真做实验，学生期待考上名牌大学而刻苦学习，销售人员期待高薪酬而努力工作等。

二、勒温的期望价值理论

与托尔曼一样，另一位早期的心理学家勒温（K. Lewin）也赞成用整体的观点来理解动机是如何起作用的。他认为不是单个动力而是多个动力同时对个体的行为起作用。因此，我们所观察到的行为就是所有作用于个体身上的动力产生的结果。为了更好地阐述这一观点，勒温引入了场论（field theory）这一术语，指个体的反应是由场内所有作用于他的动力引起的。比如，跨栏运动员在比赛中的速度取决于场内所有作用于他身上的动力。当天的竞技状态、竞争对手的水平、跑道的舒适程度、当天的气温、风向以及风的强度等因素综合起来就决定了该运动员最后的成绩。勒温将该观点进一步引申到解释人的行为，即行为可以描述成生活空间的函数，而生活空间又是由人和心理环境组成的。其中人的因素包括由生理需要和心理需要所引起的紧张状态，如饥渴和性的需要、社交需要和成就需要等所引起的紧张将驱使人采取行动，减少紧张程度，达到动态的动力平衡状态。抱负水平是人的另一个重要因素，它是指在一个任务中个体为自己定的目标或标准，这些目标或标准是基于过去的经验和对任务的熟悉程度而定的。比如，一个房地产推销人员定的年度销售任务就是根据自己过去几年的销售业绩以及当前国家的宏观调控政策以及消费者的购买意愿等因素来确定。他不光要考虑目标的大小（价值），还要考虑实现的可能性（期望）。抱负水平的实现情况还取决于个体的心理环境。心理环境不同于客观的外在世界，它是由个体自身意识中的所有心理事实构成的。例如，两个销售人员在同一个月内销售业绩均为200万，但是其中一个对此很不满意，因为他期望一个更高的销售业绩；而另一个期望水平很低，因此他对此很满意。并且心理环境由区域和边界构成，不同区域的边界有不同的渗透力。例如，一个刚步入职场的销售新手想一下子就成为区域销售冠军就比较困难，但是可以通过成为小组销售能手、部门销售能手、公司销售冠军直到区域销售冠军等一系列环节而达到最终的目标。

三、现代的期望价值理论

虽然现代的期望价值理论派生于早期的期望价值理论，但是与早期的理论不同的是，它们对期望和价值的概念界定更加精细化，而且将其与更广泛的心理和社会文化因素相联系。更为重要的是，这些理论的根基是来自于现实生活的研究而不是实验室的任务，因此对我们的行为具有更强的现实指导意义。其中最有代表性的理论是由埃克尔斯等人提出的期望价值模型（Eccles，1983；Wigfield & Eccles，1992）。该模型认为期望和价值这两个建构是任务选择和作业成绩的最直接和最紧密的预测源，且它们自身受到多种心理、社会、场景和文化因素的影响。具体模型内容见图 3 -4。从右往左看这个模型，期望和价值直接影响到任务的选择、坚持性和业绩水平。期望和价值又受到特定任务信念（如能力知觉、不同任务难度知觉、个人目标和自我图式）以及个体对成就相关事件的情感性记

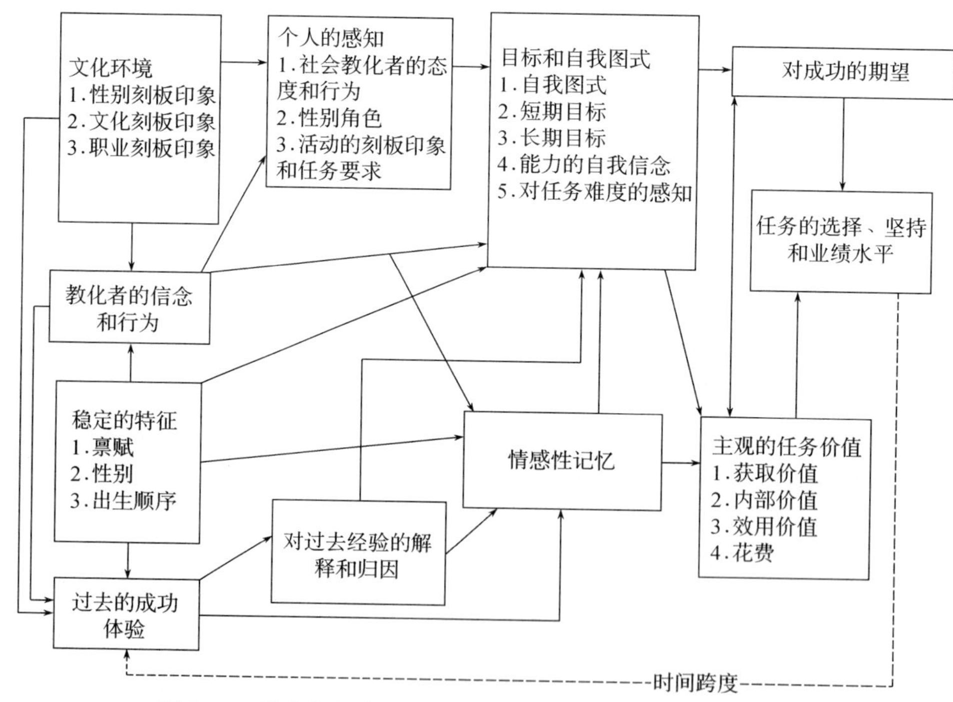

图 3 -4　埃克尔斯等人的期望价值模型（Eccles et al，2002）

忆的影响。反过来这些信念、目标和情感性记忆又受到个人知觉到他人对自己的态度与期望以及他们对过去结果的解释的影响。埃克尔斯等人还认为个体的任务知觉以及对过去结果的解释又受社会文化因素的影响。这些因素包括社会教化者（尤其是父母和教师）的信念和行为、特定的成功体验和禀赋，以及他们所处的文化环境（如对性别角色的刻板印象、对语文和数学等不同科目的文化刻板印象以及职业刻板印象等）。埃克尔斯等人作了许多的实证研究为这个模型提供了充足的证据。例如，他们的研究发现孩子们对数学的成功期望和价值可以预测他们的数学成绩以及是否继续学习数学，而他们在数学上的期望和价值受他们过去的成绩和数学能力自我概念的影响。不但父母和教师对他们的态度能够预测他们的期望和价值，而且班级环境也会以积极或消极的方式影响到他们的期望和价值。最后，孩子们在不同活动上的信念和价值方面的性别差异也反映了性别刻板印象。例如，人们通常认为女孩子在语言学习上占优势，而男孩子在数学学习上占优势。

前已述及，现代期望价值理论对期望和价值的概念界定更加精细化。具体而言，期望是指个体对眼前的、近期或远期将来的任务能够做得有多好的信念，如个体认为明年的数学科目会学得有多棒。与能力的自我信念不同，成功期望的评估更为具体，如涉及特定领域水平、与他人和其他活动的比较。因此，对成功的期望比对能力的简单自我感知对未来活动更具有导向性。例如，埃克尔斯和维格费尔德的大量研究发现，对成功的期望与活动任务的所有类型都呈正相关，这些行为包括成就、选择和坚持性（Eccles，1983；Wigfield，1994；Wigfield & Eccles，1992）。此外，期望有两种成分，即个体的特定任务的自我信念和他们对任务难度的理解。前者是指个体对其在不同领域中的能力的理解，是他们对完成当前工作的自身能力的评估，如某个个体可能认为自己更擅长从事机械维修类工作，而不擅长从事公关交际类工作。后者是指个体对任务难度的判断，这些任务难度的感知总是与特定的领域有关。所谓难者不会，会者不难。专家即使碰到复杂的问题都认为能够迎刃而解，而新手即使碰到一些初级问题也感到困难重重。

同样，在埃克尔斯等人的眼中，价值也是一个需要更加精确化的概念。因此，他们聚焦于特定任务的价值，并认为价值是不同任务的属性以及这些属性如何影响个体从事该任务的迫切意愿。而且，这些价值是主观的，因为它们是个体自身对活动的信念，在不同个体之间是存在差异的。他进一步将任务价值划分成四种：获取价值、内部价值、效用价值与花费。获取价值是指成功完成特定任务对个体的重要性。内部价值是个体从某项活动中得到的乐趣或对这一对象的主观兴趣。效用价值取决于任务与当前或今后的目标联系的紧密程度。甚至就个体自身而言，他或她对一个任务本身没有兴趣，仅因为该任务能够对将来的重要目标有用，这个任务就具有积极的价值。花费是指个体为完成一项任务不得不放弃的其他东西和预期要投入的精力，如为了完成数学作业就无法去找朋友玩，为了考出优秀的成绩得努力学习。花费是价值的关键部分，对任务的选择尤其重要。因为任何任务的积极和消极属性都影响到选择，任何一个选择都附带花费，选择了一个任务就意味着得放弃其他任务。例如，在大学一旦选择读医学专业，就意味着不太可能再去读任何其他专业。需要注意的是，尽管花费对于任务的选择在理论上具有重要性，但是多数研究集中在前三个价值成分，而较少涉及花费。

个体选择不同的任务反映了其在四种价值上的差异。例如，小明选修数学课主要是因为数学对他具有潜在的效用，因为他想成为一位工程师。相反，他选修历史课主要是因为他喜欢历史，而不是因为历史对他有用。有时，这些选择可能反映了多个价值。如事实上，小明非常喜欢数学。因此对他而言，选修数学课既反映了数学的内部价值，也反映了数学的效用价值。总之，个体对某一项任务的价值评估决定其是否选择去执行该任务是一个复杂的过程。

第四节　如何运用诱因和奖赏激发并维持动机

时至今日，基于强化理论和期望价值理论的诱因和奖赏对于动机的激发与维持发挥着重要的作用。但是，在具体实施过程中，需要遵循科学的规律，否则容易事与愿违，产生负面的效果。那么，在具体实施过程中有哪些注意事项呢？

一、准确客观地评估目标行为

提供诱因和奖赏的主要目的之一是尽可能地增加正确行为和减少错误行为。因此，在提供诱因和奖赏之前，应该清楚哪些行为可以获得奖赏，哪些行为应该被惩罚，如上课认真听讲可以得到教师的表扬，但上课打瞌睡就应受到教师的批评。只有对行为进行准确和客观的评估，才能对动机的激发和维持起到事半功倍的效果。因此，仅仅对行为进行简单的分类是远远不够的，还需要对行为进行详细的描述，如我们说“小明发脾气了”，就仅仅是对该行为进行了分类。我们还需要识别小明在发脾气时的言行，这样才能够真正辨明行为，如“小明大哭并躺在地板上踢地板或踢墙壁，或者使劲把玩具或其他物品摔向地板”就是对发脾气行为的描述。我们可以用不同的记录方法来测量目标行为的不同方面。这里面包括连续记录、成果记录、间隔记录和时间样本记录。

1. 连续记录，是指观察者在整个观察阶段中对被观察者进行连续的记录，并记录下行为的每一次出现。在连续记录中，观察者能够记录目标行为的多个指标。其中基本的指标有频率、持续时间、强度和潜伏期。例如，可以测量目标行为的频率，也就是计算该行为出现的次数（如小张一节数学课里举手 5 次来回答教师提问，小华一天里说了 3 个谎言）；也可以测量行为的持续时间，即该行为从开始直到结束的时间（如小朱午休了 45 分钟，小陈每天学习英语 2 小时）；还可以测量行为的强度，即该行为中所包含能量的总量（如小张举起了80公斤的重量，用“1完全没有”到“5非常”的5点刻度测量得到小花生气的强度为“5非常生气”）。此外，行为的潜伏期是指从某种刺激事件到行为发生之间的时间长度。如可以测量一个孩子在被要求收拾房间以后多长时间才开始行动。

2. 成果记录，是一种间接的评估方法，可以在一个行为产生出想要的切实结果的情况下应用。例如，家长可以记录孩子正确洗手的次数，以此作为对孩子卫生表现的成果测量；教师可以记录学生正确回答课堂提问的次数，以此作为对学生学习表现的成果测量。

3. 间隔记录，是指观察者将观察阶段分成一些小的时间段，在每个时间段记录目标行为是否出现。例如，一位教师在记录一个学生在上课时间每10分钟是否有注意力不集中的行为，他就让定时器每10分钟响一次。当该学生的注意力不集中行为出现时，他就在数据单相应的地方作一个记录。

4. 时间样本记录，是指把一个观察阶段分成一些时间间隔，但是只需要在每一个时间间隔中的一部分时间里对目标行为进行观察和记录。例如，在每10分钟的时间间隔里，可以选择刚开始或者结束阶段的2分钟来进行记录。

有了以上的评估方法后，观察者可以制作相应的记录表格，让记录工作简单而有趣。这样，不但实施诱因和奖赏者能够客观准确地评估奖赏效果，而且由此也好让个体时时自我勉励或自我警惕。

二、合理有效地使用强化策略

（一）选择有效的强化物

父母或教师在实施强化的过程中往往存在一个误区，即针对任何一个孩子或学生都使用同一套诱因和奖赏。这种做法不仅使父母或教师无法让孩子或学生有最佳表现，而且孩子或学生也无法得到他们真正渴望的奖赏。正如心理学中的普雷马克原理所言：“世界上的任何事情或活动都有可能加强另一种事情或活动。前提条件是：这种事情或活动本身必须比另一事情或活动具有更高的反应发生可能性。”由于每个人的生活背景、先天禀性、后天习性以及情趣爱好有所不同，他们所钟爱的事物也可能大不相同，如有的孩子喜欢小飞机，有的孩子喜欢口琴。因此，根据普雷马克原理，针对孩子或学生的不同特点，选择有效的强化物是使用强化策略的关键。

行为主义心理学家用动物做强化实验时，大多利用与其生理需要有关的诱因来控制动物的行为。因此，食物常常是动物最有效的强化物。例如，斯金纳先让白鼠处于饥饿状态，然后通过食物不断强化白鼠在斯金纳箱里的按压杠杆行为。但是，人类是一种高级的社会性动物。按照马斯洛的观点，人类除了具有与动物相同的生理需要（如食物、水和性）外，还具有一些更高级的社会性需要（如爱、尊重和自我实现）。因此，人类的强化物不仅包括能满足生理需要的食物，还包括许多能满足高层次需要的事物。个体当前需要的差异（如需要的类别和强度）常常导致所渴望的强化物也大相径庭。例如，一个离异家庭的孩子，常常缺乏父母的关爱，因此父母的呵护和拥抱对其是最好的强化物；而一个学习成绩差、不自信的孩子，父母的赞扬和肯定对其是最好的强化物。因此，在提供强化物时，由于行为和诱因之间没有必然的、直接的联系，所以不能想当然地提供强化物，而应该抓住个体的主要需要，确定所提供的强化物能投其所好，才可以引发所期望出现的行为。

实验室的研究结果往往过于简化，而现实的环境又过于复杂。因此，不能因为一个特定的事物是大多数人的强化物就假定它也是某一个人的强化物。比如，虽然夸奖对大多数人来说是强化物，但可能对于一个自我中心、反社会性的个体来说毫无意义。虽然巧克力可能是大多数孩子的强化物，但是对于患有巧克力过敏症的孩子来说它就不是。因此，大多数时候，强化物的选择未必简单，往往因人而异。一顿淡而无味的饭菜，对露宿街头的流浪汉而言，其强化效果一定比对脑满肠肥的王公贵族更佳；一朵小红花或一个糖果，可能深受幼儿园儿童的喜爱，而高年级的学生则对此不屑一顾，他们更渴望自由时间和赞美；有人喜欢物质奖励，有人偏爱言语表扬，还有人可能喜欢身体的抚摸。因此，不能一厢情愿地选择强化物，而需要慎重考虑何人、何时和何地等主客观因素，多些观察、多些倾听。

（二）采用小步子方法

海洋馆驯养员在训练海豚做一些复杂的动作时，常采用如下方法：让海豚循序渐进地学习复杂的动作。每当它完成一个小动作，就会得到奖赏，直到它能成功完成整套复杂的动作为止。这就是行为主义常常采用的塑造方法，通俗地说，就是小步子方法。它是将要达成的目标行为分解成稍加努力就能做到的小步骤，使个体行为不断接近目标行为并最终做出目标行为的差异强化过程。同样，家长或教师也可以采用该方法来塑造孩子或学生的认知和社会行为。例如，父母培养婴儿的语言能力，可以采用如下步骤：牙牙儿语、字音、部分单字、整字、一组单字，然后是句子。塑造刚开始的时候，当婴儿一发出牙牙儿语，父母就立即给予强化。这样婴儿就会经常做出这种行为。然后父母停止强化，这时婴儿就会开始出现新的行为。当其中的一种新行为（如能够发字音）更为接近目标，就对其进行强化。结果自然是婴儿开始更常做出新的行为，而更少做出先前的行为了。通过不断进行对更趋近目标的行为的差别强化和对先前趋近行为的终止强化这两个过程，就可以让婴儿学会说话。

（三）逐渐以社会赞许取代物质强化物，避免奖赏的副作用

虽然物质强化物对动机的激发和维持有较好的作用，但是它也会带来一定的

副作用。例如，个体可能会认为获得奖赏的活动本身缺乏乐趣、意义和价值，而只是获得奖赏的工具而已（如考个好成绩只是为了功利性目的，以获得更多的奖金）。个体过度依赖物质强化物，容易导致唯利是图，越来越易受外来事物的控制，而不容易培养自制自律的品格；太在乎物质强化物，可能会产生过度的和不正当的竞争（如学生之间的敌对和不合作行为）。尤其是一个经常获得物质强化物的个体，一旦没有获得物质强化物，就会产生心理的焦虑和不安，并容易导致目标行为的消退。因此，在提供物质强化物的同时，常常需要同时持续提供社会性强化物。尤其是当孩子或学生学会了目标行为之后，父母或教师就可以除去物质强化物，而逐渐以社会赞许来维持目标行为。此外，随着年龄的增长，社会赞许的强化作用越来越重要。一般而言，低年级适合物质性强化，而高年级更适合社会赞许。

三、少用或慎用惩罚

在中国传统文化中，有些谚语（如“慈母多败儿”和“严师出高徒”）透视出中国社会对惩罚所持的积极态度。但是，越来越多的心理学理论和研究认为应该废除一些太苛刻的惩罚，并且相信奖赏能更有效地激发和维持动机。惩罚会产生一系列不良后果，如无法培养学生良好的学习行为，降低其主动学习的意愿甚至造成身心发展的创伤，导致学生与家长、教师间的紧张关系。有些不当的管教行为还可能让孩子怀有以暴制暴的心理从而导致违法行为的产生。因此，在教育孩子或学生时，家长或教师应当少用或慎用惩罚。在一些特殊的情况下，使用惩罚也应该遵循科学的原理，如根据“烫炉原则”来合理使用惩罚。首先，事先警告（炉子很烫，不要去碰）。作为家长和教师，针对学生问题行为的征兆，给予先期警告。目的是让个体知道哪些违规行为会受到惩罚，并会受到多重的惩罚。其次，迅速惩罚（一碰到烫炉，便会受伤）。如果违规行为与惩罚之间的时间间隔延长，则会削弱惩罚活动的效果。即时惩罚使个体容易将惩罚与自己的错误行为联系在一起，一方面对不良行为的矫正能起到立竿见影的作用，另一方面不会将惩罚与行为的实施人联系在一起，可以减少敌对情绪和冲动行为。再次，惩罚一致（每一次接触烫炉，都会得到同样的结果——被灼烫）。也就是说，惩罚的轻重和行为的严重性一致。小错小惩罚，大错大惩罚。最后，客观公平（任何人只要接触烫炉，都无一例外地被烫伤）。惩罚不针对某个具体人，就事论事，无论你是谁，只要犯了错误就要接受惩罚。

四、对个体保持合理的高期望

根据期望价值理论，个体所拥有的期望对其行为具有重要的效用，如果人们对儿童、学生或员工所抱有的期望越大，他们在活动中表现得就会越好。良好的期待能调动人的积极性。美国社会心理学家罗森塔尔做过一个非常著名的实验，发现了高期望对学生发展具有显著的积极效应，这一效应被称为“罗森塔尔效应”（也叫“皮格马利翁效应”）。尽管高期望能够带来较好的收获，但如果期望过高，超出了个体的能力范围，结果就会适得其反。

知识链接：课堂中的皮格马利翁效应

皮格马利翁是远古时代塞浦路斯的国王，传说他喜爱雕塑。一天，他成功塑造了一个美女的形象，爱不释手，每天以深情的目光观赏不止，看着看着，美女竟活了。美国心理学家罗森塔尔和雅各布森用这个故事来比喻“期望效应”。

1968 年，罗森塔尔和他的同事考察当地一所学校，宣称要进行一个“未来发展趋势测验”，然后随机从每班抽出 3 名学生共 18 人登记在一张表格上，交给校长和相关教师，极为认真地说：“这 18 名学生最有发展前途。”他叮嘱他们务必要保密，以免影响实验的正确性。其实他撒了一个“权威性谎言”，因为名单上的学生根本就是随机挑选出来的。8 个月后，奇迹出现了，凡是上了名单的学生，个个成绩都有了较大的进步，且各方面都很优秀。

“权威性谎言”发生了作用，罗森塔尔对其中的原因作了如下解释：谎言对教师产生了暗示，左右了教师对名单上学生的能力的评价和期待，并进而通过情绪、语言和行为传递给了学生，提高了学生的自信和自我期待，从而使各方面得到了快速的进步。

五、增加外在奖赏的价值可获得性

外在奖赏具有提升个体自我价值感的作用，为了帮助学生建立较高的自我价值感，可以采用以下实践策略。

（一）给个体挑战性的任务并帮助他们取得成功

父母或教师在给孩子或学生布置任务时，应该将任务设定为经过一些努力就能够掌握的难度水平。这样容易让他们提高积极性并获得成功体验。任务太容易，对孩子或学生没有挑战性，对他们的促进作用不大；而任务太难，又容易使他们产生畏难心理。这就好比摘苹果，如果坐着就能摘到，人就不会站起来。如果苹果树太高，要跳得很高才能摘到，很多人跳两次摘不到就不摘了。只有让孩子稍微地跳一下就能摘到苹果吃才能促使孩子不断进步。一天比一天跳得高一点，不断积累就能获得更大的进步。

（二）减少能力评价的信息量

有些家长或教师常常喜欢将自己的孩子或学生与更优秀者进行比较，希望借此来激励他们。但是这种社会比较很可能会降低他们对自身能力的信心。例如，以竞赛方式进行有胜负之分的活动时，失败的个体会感到技不如人、因表现不好被他人取笑。如果他们认为自己无法精熟这一活动或者觉得成功并非自己所能控制时，就可能会为了避免失败而不愿尝试。因此，父母或教师应该避免这种增加学生差异的公开行为，而应根据个体的差异灵活设定不同的目标，教会孩子或学生简易的自评方式，让他们知道判断成功或失败的标准，让他们了解自己的进步情况。从而可以让他们降低失败的心理代价，增加能力期望的知觉，觉得自己也能够在这方面做得更好。

（三）为个体的行为提供多元价值评估体系

根据现代期望价值理论，价值是个多维度的概念，具体包括获取价值、内部价值、效用价值与花费四个方面。因此父母或教师在激发和维持孩子或学生的动机时，可以挖掘活动的多重价值。例如，针对不爱锻炼的孩子或学生，父母和教师可以提升锻炼的获取价值，使个体觉得坚持运动是一件很重要的事，让个体觉得身体好、功课好才是个好孩子，才有更好的发展前途，进而使他们知觉到坚持运动是好孩子的本分，而且符合他们对自己的认定；通过提升锻炼的效用价值让孩子知觉到运动对个人短期或长期目标、坚持运动对个人自我概念的重要性。通过提升锻炼的内部价值，如多设计些欢乐有趣的活动，使学生产生运动是快乐的信念。为了减少锻炼的花费，父母/子女、教师/学生、同学/朋友等，应彼此传达希望对方参与运动的信息。此外在活动设计上，应设计能增加人际互动的活动，如安排与重要他人一同参与运动、组成健身运动团体等，建立运动的人际网络，促进彼此参与健身运动。

【建议参考资料】

1. 郭德俊. 动机心理学：理论与实践［M］. 北京：人民教育出版社，2005.

2. 皮特里，戈文. 动机心理学［M］. 郭本禹，译. 西安：陕西师范大学出版社，2005.

3. 米尔腾伯格尔. 行为矫正：原理与方法［M］. 石林，译. 北京：中国轻工业出版社，2004.

【问题与思考】

1. 什么是诱因动机?
2. 试述强化理论的基本思想。
3. 什么是期望和价值?
4. 简述期望价值理论的主要观点。
5. 结合自己的经验，谈谈如何运用诱因和奖赏来激发和维持动机。

第四章　目标的动机作用

【本章提要】

无论是在学校环境中，还是在工作情境中，人们经常会为自己或他人设置一些行为目标，因为我们相信目标对人的行为有引导和激励的作用。事实真是如此吗？一个准备考级的孩子真的比不考级的孩子有更娴熟的钢琴技艺吗？设置什么样的目标可以带来更高的学习或工作成绩？以掌握知识为目的的学习，和以证明自己聪明为目的的学习会有什么不同？在这一章里，我们将着重探讨目标的动机作用。本章首先介绍目标作为一种具有导向作用的外在条件或刺激物，是如何对人类行为产生激励作用的；然后会讨论两种重要的目标理论——目标设置理论和成就目标理论的主要观点及相关研究成果；最后，在上述理论研究的基础上，提出了创设掌握目标定向的课堂气氛和设置恰当的学习目标的原则。

【学习重点】

1. 理解目标的动机作用。
2. 了解目标设置理论的主要观点。
3. 了解成就目标理论的主要观点。
4. 掌握创设掌握目标定向的课堂气氛的策略和设置学习目标的原则。

【重要术语】

目标　目标设置　高绩效循环模型　目标的明确性　目标的临近性　目标承诺　自我效能　成就目标理论

第一节　目标概述

心理学界一直把动机所激发的行为称做目标指向行为（goal-directed behavior）。在早期的动机理论中，目标作为一种具有导向作用的外在条件或刺激，是动机激发不可缺少的构成成分。勒温（1935）在场论中就指出，那些能够满足个人需要的目标具有正的效价，会促使个体产生趋近行为，个体与目标的心理距离越近，目标的动机力量就越大。不过，早期有关目标的论述大多停留在理论推导的层次，缺少相应的实证研究支持。直到20世纪中后期，才有一批学者直接将目标作为研究对象，系统地探讨目标特性及其对个体行为的影响，并提出以目标概念为核心的动机理论，如目标设置理论（goal-setting theory）和成就目标理论（achievement goal theory）。在这一章里，我们将探讨目标的动机作用，并介绍两种重要的目标理论及其在教育实践中的应用。

一、目标的定义

在人类的社会生活中充满了各种各样的目标。大到一个国家的长远规划，例如，2012 年中国经济社会发展的预期目标是，国内生产总值增长 7.5%①；小到一个普通学生的近期学习目标，如下周的单元测验考入班级前三名，这个周末要背 50 个英语单词等。作为人类动机的重要构成部分，目标引导着个体行为的方向，提供行为的原动力，并且影响着人们在活动中的情感体验和最终的行为结果。那么，目标究竟是什么呢？不同的学者对此有不同的理解。

在朱智贤主编的《心理学大词典》中，目标被定义为“行为所需达到的目的，又是引起需要、激发动机的外部条件刺激——它是行为动机的诱因，能刺激人们为达到自己的目的而行动”。这一定义既包含了结果、目的的意思，也包含了目标物、诱因的意思。

福特（M. Ford，1996）认为，所谓目标，就是个体对自己所期望的结果（如成绩优异）和不期望的结果（如失败）的认识，它反映了个体在与环境的交互作用中，努力要实现或回避的内容。福特曾经概括了 24 种人类生活目标，这些目标主要是一种抽象水平的目标，类似个体的内在需要（见表 4－1）。

表 4－1　人类生活目标分类表

个体内目标		
情感目标 愉悦感 安定感 幸福感 良好的躯体感觉 健康感	认知目标 探究 理解 创造 积极的自我评估	主观组织目标 和谐感 卓越感
个体—环境目标		
自我表现目标 个性化 自我决定 超凡出众 获得资源	综合的社会关系目标 归属感 社会责任感 平等 提供资源	任务目标 掌握 任务创造力 管理 获得物资（钱、物品） 安全

（Ford & Nichols，1991）

洛克和莱瑟姆（E. Locke & G. Latham，1990）则认为，目标是个人“有意识

---

① 引自《2012 年中国政府工作报告》。

地努力获取的，自身以外的东西”，是个体在活动情境中努力要达到的具体的成绩标准或结果。例如，一个中学生决心在期末的语文考试中得个优秀，一个小家电的推销员准备在一个月内卖出 100 件产品。

还有一些学者，他们更关心成就情境中的个人目标对个体行为的影响。乌尔旦和迈尔（T. Urdan & M. Maehr，1995）将个人成就目标（achievement goals）定义为，个体对成就行为的意义或目的的知觉和信念。例如，努力获取好的成绩以证明自己是有能力的，或者尽量不让自己显得低能。由于个体从事成就任务的理由不同（即目标定向的不同），相应地在成就情境中的认知、情感、行为也不同。

综合以上各种观点，我们认为，所谓目标就是个体在活动情境中所要达到的一种结果。这种结果可以是宏观抽象的，如个人的卓越感，也可以是微观具体的，如单元测验第一名；它可能以认知观念的形式存在于个体的头脑中，如证明自身能力，也可能以具体形象的方式呈现，如 100 件待售商品。相同的是，它们都对个体的行为有激励、定向和调控的作用。

二、目标的类型

平特里克（P. Pintrich，2000）指出，个体的目标存在着三种水平。

（一）靶目标

所谓靶目标（target goals），指的是一种针对特定任务而提出的奋斗目标，它同时确定了评估个体表现的具体标准和原则。例如，年销售额 80 万元人民币，或英语期末考试成绩 110 分以上，这些都属于靶目标，是在特定的情境下提出的具体任务目标。

（二）综合目标

这是一种抽象分析水平的目标。在现实生活中，每个人的具体目标可能千差万别，但在抽象水平上，这些个人目标可能同属一类综合目标（more general goals）。例如，一个市场营销人员为了升职而努力工作着，一个学生为了获得留美的全额奖学金努力学习英语，从靶目标的水平来看，两者的奋斗目标是不同的，但在抽象水平上，两者的综合目标可能是一样的，即获得成就感或出人头地。

（三）成就目标

这是一种介于具体目标和抽象目标之间的目标水平，是“关于个体追求成就任务的理由和目的的认知表征……反映了个体对成就任务的一种普遍取向，是一个有关目的、胜任、成功、能力、努力、错误和标准的有组织的信念系统”。例如，有的学生将获得知识、发展能力作为目标，往往根据自我比较的结果来判断自己是否胜任；另一些学生则把证明自己优秀能干作为目标，他们倾向于通过社会比较来判断自己是否达到目的。这些目标主要是方向性的，虽然涉及特定的成就领域，但并没有涉及行为结果的量化标准。

三、目标的动机作用

心理学研究表明，目标与个体活动效率之间有密切关系。设置合理的目标能够激发个体的动机，提高活动效率。洛克和莱瑟姆（1994）指出，目标存在本身就具有激励作用，它对个体行为有激发、定向和调控作用。目标的作用机制表现如下。

（一）目标影响个体行动的方向

目标的确立不仅为个体提出了未来需要达到的活动水平或成绩，而且决定了个体行动的方向和注意力的分配。一个明确的目标可以促使个体将注意力集中在与目标相关的活动上，同时减少与目标达成无关的活动，从而提高个体的活动效率。比如，一个想当厨师的人会花很多时间研究菜谱，一个棋手则会将主要精力投入到钻研各种棋局上。

（二）目标影响个体的努力程度

已有的研究证实，个体的努力情况与他所知觉到的目标水平成正比。任务的难度越大，个人的努力程度也就越高。一个要考研究生的大学生，和一个坚持“60 分万岁”的大学生，前者在学习方面花费的时间和付出的努力通常更多。这是因为，对于困难的任务而言，目标水平与当前水平之间的差距较大，个体需要付出较大的努力才能实现该目标；而容易的目标水平与当前水平的差距较小，个体需要付出的努力也就比较少。因此在个人的能力范围内，越难实现的目标越能激发个人的活动积极性。

（三）目标影响个体的坚持性

目标可以鼓励我们坚持不懈。在活动过程中，如果个体的头脑中存在一个具体的目标，那么也就有了一个明确定义的成绩标准。只有当活动成绩达到了这个标准（即成绩点）时，个体才会停止努力。在此之前，即使遇到一些困难，个体也会坚持不懈。相反，一个缺少目标的个体在活动中很容易受到无关因素的干扰，遇到障碍时也容易放弃努力。比如，参加 5 000 米比赛的运动员，只有在跑到终点之后才会休息，在这个过程中，即使感觉累了也会坚持跑下去。但是，如果没有 5 000 米这个目标，只是随便跑跑锻炼身体，那么就很容易受到干扰，可能跑了 1 000 米就放弃了，或许是感到累了，或许跑得无聊了。因为没有必须达到某个标准的决心，个体也就不会“为难”自己。

（四）目标影响任务策略的唤醒和使用

实现目标的过程是一个有组织的活动过程，选择一个新的、恰当的策略是至关重要的，特别是对那些复杂的任务来说。管理情境中的研究发现，设置一个具体的、富有挑战性的目标可以促使个体积极思考，包括在行动前制订活动计划，在活动过程中自觉地调整任务策略，摒弃无效的策略，选择新的有效策略。这些策略的运用对目标的最终实现很有作用。

不过，也并非所有的目标都能促进有效的策略选择。一些研究发现，当个体面对一个陌生的、挑战性的任务时，高难度的目标会引起个体的恐慌和紧张情绪，导致个体频繁地、无系统地尝试各种可能的策略，反而不利于有效策略的搜寻和任务目标的完成。因此在面临陌生的、复杂的任务情境时，应当先设置一个较低水平的目标，让个体可以没有压力地尝试各种可能的策略，并作出恰当选择；或者在任务开始之前，给予个体一定的有效策略训练，提供一些有关形成适当策略的背景资料，提高个体发现和运用适当策略的自我效能感，这样高难度的目标才可能促进有效策略的选择和使用。

第二节　目标设置理论

目标设置理论是当代重要的目标理论之一。它最早是由美国马里兰大学的管理学和心理学教授洛克（1967）提出来的，主要用于解释个体在工作情境中的动机行为和绩效。1990 年，洛克和莱瑟姆在《一个关于目标设置与任务成绩的理论》一书中，进一步系统地阐述了目标设置理论的观点，强调了目标设置对完成活动任务的积极作用。目前，大量管理学领域的研究已经证明，目标设置在激励员工的工作积极性、提高工作绩效方面颇有成效。

尽管目标设置理论主要源于工作领域的研究，但作为一种激励理论，它同样可以在教育领域用来激发学生的学习动机、指导学生的学习。目标也是激发学生学习动机的一个重要因素，适当的、有挑战性的学习目标的设立，可以激发学生的学习动机，提高学习效率。这一点对比我国的高中生和大学生的学习状况，就可以清楚地看到，一些高中生升入大学后会因为骤失奋斗目标而变得毫无学习动力，远没有高中时代努力和用功。缺乏学习兴趣和学习动机已经成为我国高校人才培养中的一个“困境”。哈佛大学商学院曾经的一项调查发现：83% 的学生没有清晰的目标，14% 的学生有目标但没有写下来，3% 的学生有写下的清晰的目标。若干年后，最后一类学生的收入是第一类学生的十倍。由此可见，对学生而言，学会设置恰当的工作和学习目标具有重要的意义。这一节我们将着重介绍目标设置理论的主要观点及相关研究成果。

一、什么是目标设置

所谓目标设置（goal setting）是指个体确立活动目标或成绩标准的过程，是一个重要的动机过程。在特定的任务情境中，一个目标的确立可能是个人所为，也可能是由任务本身决定，或权威人物（如老师、上级领导等）指定的。前者称为个人目标（self-assigned goal），后者称为指定目标（other-assigned goal）。指定目标与个人目标可能是一致的，也可能是不一致的。通常情况下，个体会在指定目标的基础上，结合自身的条件和心理需求，建立一个自己可以接受的目标。例如，某推销公司的规定是每个员工的月推销额为 10 万，但每个职员的个人目标可能是不同的。刚来的职员可能会满足于完成公司的指定目标，一些资深的、进取心强的员工则可能给自己确定更高的目标，如 12 万或 15 万。

洛克等人认为，目标的存在本身就具有激励作用，个体所设置的目标决定着他在活动中如何分配自己的注意力，以及争取良好表现的努力程度，进而影响着他的实际活动结果或绩效水平。

二、主要观点及研究成果

（一）理论假设

目标设置理论的前提假设是：人类的活动是有目的的，它受有意识的目标的引导。一旦个体为自己设置了一个活动目标，并承诺要实现该目标，那么他就会处于一种不一致的情境中，个体会注意到自己的现有水平与目标水平之间的差异，这种差异促使个体采取行动，以减少目标与现状之间的差距。个体的工作表现之所以会不同，就是因为他们为自己设置了不同的绩效目标。

（二）目标特性与工作效率的关系

目标设置理论的研究发现，目标本身的一些特点影响着个体的努力程度和任务成绩。

1. 目标的困难程度

根据目标的难度水平，可以将目标分为难的、中等的和容易的。面对同一活动情境，不同个体所设置的目标水平可能是不同的。有的目标水平较低，比较容易完成，如每天背 5 个英文单词；有的目标水平较高，实现起来比较困难，如每天背 50 个单词。在完成任务目标的过程中，个体会根据目标的水平来调整自己的努力程度，具有挑战性的目标会促使个体付出更多的努力，并表现出更大的任务坚持性，从而取得更好的成绩。洛克等人认为，目标的难度水平与成绩之间基本上是一种线性关系。在个人能力允许的范围内，且个体对目标有较高的承诺的情况下，目标的水平越高，绩效越好。仅仅在到了能力的最大限度（即根本不可能完成的任务目标）时，成绩水平会陡然下降（见图 4 – 1）。

2. 目标的明确性

目标的明确性是指个体能通过目标准确地认识到自己需要做什么，以及做到什么水平或程度。在实际生活中，有些目标的要求比较具体明确，如每天做 20 道习题；有些目标则比较模糊，如尽量多做些练习题。

已有的研究表明，明确的目标可以产生比模糊目标更高的绩效。因为一个明确的目标可以为个体提供评价个人表现和成绩的具体的，甚至是唯一的标准，如

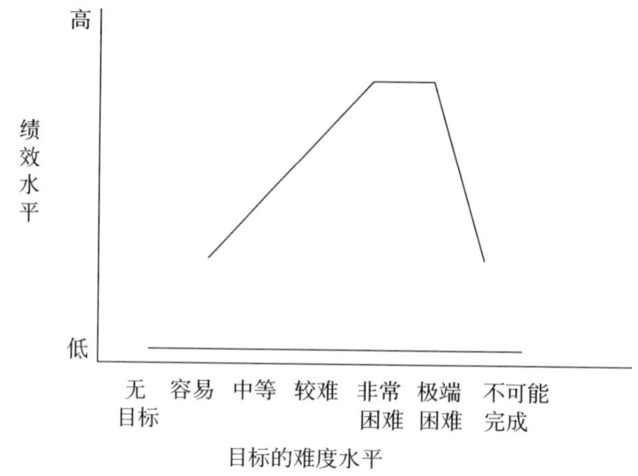

图 4－1 目标水平与绩效的关系图（J. Reeve，1996）

每天完成 20 道习题。这类目标令个体对自己需要做什么、怎样做以及需要付出多少努力有着清楚的认识，从而减少了行为的盲目性，提高了行为的自我控制水平，保证了既定目标的顺利实现。相对而言，模糊目标的绩效标准具有更大的弹性，如“尽量多做练习题”，因此个体可以采取多种标准来衡量自己的表现，从而导致一些人不肯付出太多努力，对较低的成绩水平感到满足。“尽量”、“尽可能”是很含糊的用语，它们似乎为人们提出了一个较高的目标，但实际上人们很难判断自己到底怎样才算是尽了最大的努力，是每天做 50 道题算是“尽可能”了，还是 5 道题就算是“尽可能”了呢？目标的这种内在模糊性让学生在评价自己的行为和行为结果时有很大的机动性，学生可能认为回家后做完其他所有的事情后做几道题就是“尽量”了。

总而言之，具体明确的目标具有更强的操作性，更有利于学生对学习过程及学习效果的监控，对学生的激励作用也更大。

3．目标的临近性

所谓临近性指的是目标完成期限的长短。尽管目标的完成期限并不能直接决定活动的结果，但它可以通过调节、控制个体在任务情境中的投入水平，间接地影响工作成绩。根据目标的临近性，我们可以将目标分为长期目标和短期目标。长期目标是指那些需要较长时间才能完成的目标，如一名小学生立志成为科学家；短期目标则是指那些完成期限较短的目标，如开学后第 10 周交一篇研究报告。

研究发现，短期目标可以给个体提供及时的反馈信息，强化个体的活动积极性，有助于提高个人完成复杂任务的自我效能感，使个体获得成就感和满足感，从而对任务目标的完成起到积极的作用。相对而言，中远期目标由于完成时间很长，期间无法对个人的努力和进步情况提供及时的反馈和强化，不利于维持个体完成任务的自信心，可能导致个体在遇到困难时容易放弃。

不过，短期目标也有一定的局限性。它可能会使个体过于关注当前目标的实现，例如，采取“短平快”的策略达成目标，而忽略了整个任务的完成，从而限制了个体的思路，影响了任务策略的灵活性和终极目标的实现。而且短期目标的完成时限通常比较短，具有紧迫性，过多地设置短期目标也会给人一种压力感和被控制感，进而损害个人活动的内在动机。因此，在设置目标时，需要综合考虑长、短期目标各自的优缺点，同时设置两种目标可能是一种更为有效的办法。

（三）影响目标与工作效率关系的因素

研究发现，目标对工作效率的积极作用会受到目标承诺、自我效能感、反馈、奖励、满意感等因素的影响。

1. 目标承诺

所谓目标承诺，指的是个体被目标所吸引，认为目标重要，愿意持之以恒地努力完成该目标的决心，它通过调节个体的活动积极性，间接地影响着活动结果。洛克和莱瑟姆（1990）指出，仅仅是选择了一个目标并不足以激起个体的活动，个体还必须作出行动的决定和努力完成目标的承诺。只有那些内化了的、个体承诺要完成的目标才能发挥其激励作用，通常对目标有高承诺的个体有着更好的绩效表现。当目标的难度很大时，承诺显得尤为重要。

影响个体目标承诺的因素有两点：一是个体对自己完成该目标的自我效能感，二是个体对该目标的价值评判。研究发现，一个目标无论是由他人指定的，还是个体参与设置的，只要个体相信该目标是可以达到的，而且达到该目标又具有很重要的意义时，那么他对目标的承诺就会加强。相反，那种实现的可能性很小，或没有价值的目标，则无法激起个体的活动积极性。

2. 自我效能感

自我效能感是班杜拉（Bandura，1977）提出的一个动机概念，指的是个人对自己执行实现特定领域目标的所需行为的能力的信念或信心。目标设置理论认为，自我效能感与目标设置之间存在交互影响。

一方面，自我效能感通过影响目标设置的过程，即目标的选择与承诺，间接地影响活动成绩。当个体对自己完成某项任务的自我效能感强时，会倾向于选择较高水平的目标，并且有着较高的目标承诺，这促使他们在困难任务上表现出更高的坚持性，进而取得更好的成绩。

另一方面，被指定的目标水平又影响着个体的自我效能感。那些被指定完成较高目标的个体往往具有较高的自我效能感，因为当权威人物将一项挑战性的任务交给某人，或对他提出较高的要求时，往往代表了对该个体能力的信任，这种信任将提高个人完成目标的自我效能感，而那些被指派完成低目标或无关紧要事情的个体则会对自身能力产生怀疑。因此，在现实生活中，一些教师为了提高学生的自信心，有意设置一些较低的学习目标，或为了一点点成绩就大力表扬学生，其本意是好的，但结果反而削弱了学生的自信心。

3．反馈

目标设置理论的研究发现，目标与反馈相结合可以有效地提高个人的成绩水平。目标的设置明确了个体需要达到的活动结果，同时也为个体评价自身表现提供了一定的绩效标准。为了使目标有效，人们需要通过反馈信息来了解自己距离目标水平还有多远。如果不知道自己做得怎么样，个体就难以调整努力的方向和水平，难以调整策略以应对目标的要求。

已有的研究还发现，反馈的内容和方式不同，其效果也不同。反馈可以分为信息反馈和控制反馈。前者强调的是个体的进步和对任务的掌握情况，提供的是有关积极自我效能感的信息，对成绩的提高有积极的作用。后者则强调外界的要求和期望，如告诉个体必须达到什么样的标准和水平，会使人产生被控制感，进而降低其对任务的内在兴趣。反馈还可以分为过程反馈和结果反馈。其中过程反馈比较关注完成目标的行为策略或计划的有效性，及对短期目标的实现，对个体完成复杂的、有困难的任务有积极作用；结果反馈则关注个体是否成功达到某一预期水平，是评价性的反馈，对个体改进任务策略没有帮助。

4．奖励

奖励作为一种特殊形式的反馈，也对目标与绩效的关系起着重要的调节作用。洛克等人认为，奖励与目标难度之间存在交互作用。对于那些特别难的、几乎不可能达到的目标来说，外在的奖励不能提高目标承诺和任务成绩，奖励只对那些容易的或可能实现的目标有积极作用。

5．满意感

当个体经过种种努力最终达到目标，得到了所希望的报酬和奖赏时，就会产生满足感。如果没有得到预料中的奖赏，个体就会感到不满意。目标越重要，成功或失败所带来的情绪体验就越强烈。

另外，从目标的难度水平来看，难度水平较低的目标成功的可能性较大，使得个体可以经常体验到伴随成功而来的满足感。而困难的目标成功的可能性比较小，个体体验成功满足感的机会相对也少些。但困难的目标一旦实现就可以带来更高的成绩，和更大的满足感。那么如何来平衡目标难度和满意感之间的关系，以便使目标获得最大的激励效应呢？目标设置理论提出如下建议：

（1）设置中等难度的目标，从而使个体既有一定的满足感，同时又可以获得比较高的绩效；

（2）在完成困难目标时，不仅要在实现整个目标后给予奖励，当个体达到部分目标时也应给予奖励；

(3) 逐步提高目标的难度水平，使目标在任何时候都是中等难度；

(4) 运用多重目标—奖励结构，个体达到的目标难度越高，得到的奖励越多。

三、高绩效循环模型

在上述研究的基础上，莱瑟姆等人（2002）提出了一个综合的目标设置模型，即高绩效循环模型（the high performance cycle）（见图 4－2）。

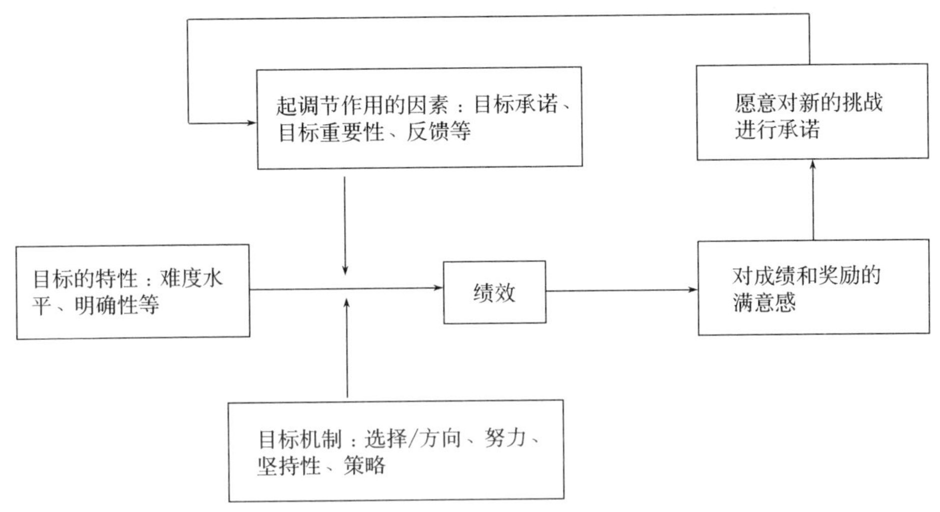

图 4－2 高绩效循环模型

从模型中可以看出，目标本身的特性（包括明确性和难度水平）直接影响着个体的绩效表现，其作用机制是，通过激发个体为实现目标付出的种种努力、坚持、策略运用等来发挥积极作用。目标与成绩之间的联系受到目标承诺、目标重要性、反馈、奖励等因素的调节，个体对绩效和奖励的满意感则直接影响其对新挑战的承诺。根据这一模型，如果我们在任务情境中设置了明确的、有难度的目标，并且个体对这些目标有高水平的承诺和自我效能感，采用了适宜的任务策略，又能获得适当的反馈信息的话，就会产生高的绩效水平。如果高绩效带来了个体所期望的奖励（包括自我奖励），那么个体就会产生满足感。高度的满足感反过来会提高个体的目标承诺水平，使个体愿意继续从事此类工作，并接受新的、挑战性的任务，新一轮的高绩效循环由此开始。

第三节 成就目标理论

成就目标理论出现于 20 世纪 70 年代末 80 年代初，是近年来教育领域中动机研究的最活跃的议题之一，它对我们理解学生行为有着重要的意义。

一、什么是成就目标

成就目标也称目标定向（goal orientation）或成就目标定向（achievement goals orientation），它反映了个体对成就情境的一种认知倾向。

埃利奥特和德韦克（E. Elliot & C. S. Dweck，1988）将成就目标定义为，“具有认知、情感和行为结果的关于认知过程的计划”，强调了成就目标对个体在成就活动中的认知、情感和行为结果的影响。埃姆斯（C. Ames，1992）则将其定义为，“学生对学习活动、学业成就和成功的意义或目的的知觉”。乌尔旦和迈尔（1995）认为，成就目标是“学生对从事各种学习活动的理由的知觉”。

综上所述，所谓成就目标，就是个体对自己从事成就活动的目的或意义的知觉。根据平特里克（2000）的观点，它是一种介于具体水平和抽象水平之间的目标。这一概念与目标设置理论对目标的定义不同。在目标设置理论中，“考试成绩优秀”和“跳高比赛冠军”是两个目标，但从成就目标的角度来看，它们可能属于同一类成就目标，即“争取好成绩以证明自身能力”。

二、理论源起

成就目标理论最直接的理论渊源是尼科尔斯（1984）提出的能力理论。尼科尔斯认为，在面对成就任务时，由于对能力本质的看法不同，每个人判断和评价活动成败的标准也会有所不同。有些人认为，人与人之间的能力差异很小，关键在于努力。一个人付出的努力越多，学到的东西就越多，能力就越强，是一种无差异的能力概念（less differentiated conception of ability）。另一些人则认为，人与人之间存在着明显的能力差异，有的人聪明，有的人笨，是一种差异能力概念（differentiated conception of ability）。他们倾向于通过社会比较的方式来评判能力的高低，不仅比较任务成绩，而且比较各自的努力程度。如果一个人在成就活动中的表现超过其他人，且努力的程度与他人相当或更少，就说明他的能力水平高。在相同的成绩水平上，付出的努力越多的人能力就越差。

尼科尔斯认为，对能力理解的这种差异影响着个体在成就情境中的目标取向、任务选择和努力程度。持无差异能力概念的个体在面对成就情境时，倾向于把学习和掌握作为追求的目标，能力和努力则是达成目标的手段，他们会偏好中等难度的任务，并根据任务的难度来决定自己的努力程度：对中等难度的任务付出较大的努力，对容易的任务或特别难的任务则付出的努力较少。持差异能力概念的个体则不同。因为关注社会比较的结果和对自身能力的评价，他们常常把显示高能力或避免低能评价作为目标。其中自信的那部分人会对自己产生较高的成功期待，倾向于选择具有中等难度的挑战性任务，以证明自己的实力；但不自信的个体则恰恰相反，他们倾向于选择极端的任务（过难或过易），在面对具有挑战性的中等任务时，甚至可能采取一些自我设障策略（self-handicapping），如有意识地降低努力程度，来避免低能力评价的风险。

继尼科尔斯之后，德韦克等人（Dweck & Leggett，1988）结合社会认知的最新研究成果，提出了更为完善的成就目标理论。自此，成就目标理论在教育研究领域迅速发展起来。

三、主要理论观点

（一）成就目标的类型

有关成就目标类型的研究经历了三个阶段。

1. 第一阶段：二分法

在20世纪90年代中期以前，传统的成就目标理论认为，个人的成就目标主要有两种类型：掌握目标（mastery goals）和成绩目标（performance goals）。前者是以学习和掌握为目标定向，关注对任务的理解和掌握，关注能力的发展；后者是以追求高成绩、证明自身能力为目标定向，关注与他人的比较，关注获得对自身能力有利的评价，避免不利评价。

2. 第二阶段：三分法

在对两种类型的成就目标进行研究的过程中，研究者发现，成绩目标对个体行为的影响存在明显不一致的结果。一些学者发现，成绩目标与学生的自我效能感之间有正相关，另一些研究却恰恰相反；一些研究发现成绩目标与积极情感呈负相关，一些研究则发现没有相关。埃利奥特等人（1996）提出，这是因为二分法忽视了动机的接近—回避倾向，他们将接近—回避倾向结合以往的分类研究，提出了成就目标的三分法，即将成绩目标进一步区分为成绩—接近目标和成绩—回避目标。前者关注的是如何取得好成绩，得到基于社会比较结果的胜任感和良好的能力评价；后者关注的是如何避免对自身不利的能力评价，回避社会比较的不胜任结果。掌握目标则与二分法相同。

3. 第三阶段：四分法

关于成就目标的四分法是最近才提出来的。平特里克（2000）指出，埃利奥特等人将接近—回避概念引入了成就目标理论，具有积极的意义。但是，只将其用于区分成绩目标的两种状态似乎是不够的，也不对称，于是他主张将掌握目标也区分为接近和回避两种状态，从而形成一个2×2的对称结构（见表4－2）。

表4－2 四种成就目标的界定

	接近状态	回避状态
掌握目标	个体关注的是掌握任务，学习和理解；根据自己的进步提高和对任务的理解深度来评价自身表现	个体关心的是如何避免不能理解或不能掌握任务的情况；判断成功的标准是在自我比较的基础上准确无误地完成任务

（续表）

	接近状态	回避状态
成绩目标	个体关注的是如何超越他人，显得自己最聪明、最棒；根据常模标准来评价自身表现，如在班上考得最好	个体关心的是如何不让自己显得低能，显得比别人笨；根据常模标准来评价自身表现，如不是班里最差的

（P. Pintrich，2000）

（二）成就目标对成就活动的影响

大量的研究发现，不同类型的成就目标对个体在成就情境中的认知、情感、行为的影响不同。

1．掌握—接近目标

已有研究比较一致地发现，掌握—接近目标与适应性的行为模式相关联。具体来说，掌握—接近目标的学生在完成学习或成就任务的过程中，会表现出较高的自我效能感和较高的学习兴趣，更多地使用深加工的认知策略，适当地进行学业求助，较少有考试焦虑等消极情感。还有一些研究发现，掌握—接近目标与内部学习动机之间存在显著正相关，能够促进个体持久地学习。不过，研究并没有发现掌握—接近目标对学生的学业成绩有明显的促进作用。

2．掌握—回避目标

从理论上分析，掌握—回避目标应该具有掌握—接近目标的部分积极特点，但也会有成绩—回避目标的部分消极特点，因此它对个体成就活动的影响可能同时表现出积极和消极两面。实证研究的结果基本支持这一推论：完美主义的掌握—回避目标学生可能为了避免达不到以往的优秀标准而回避当下的挑战任务，在完成任务的过程中采用无组织的加工策略，并表现出状态性考试焦虑和情绪化的特点。不过，尽管具有消极的、非乐观的动机倾向，掌握—回避目标的学生依然表现出对学习本身的兴趣，例如，认为课堂是吸引人的和有趣的，愿意参与鼓励内部兴趣和挑战的积极动机情境。

3．成绩—接近目标

目前的研究显示，成绩—接近目标与学习动机模式之间的关系还不清楚。与掌握—回避目标一样，它对活动结果也同时有正负两方面的作用。已有的研究发现，成绩—接近目标能够促进和学业相关的行为（如元认知策略的使用和较高的努力程度），能够预测良好的学习成绩，并与积极的学业自我概念和自豪感有正相关。不过，它与深加工认知策略和内部动机没有关系，而且对成绩和竞争的关注也会引发焦虑情绪，进而对个体学业的长期发展产生不良影响。

4．成绩—回避目标

大量的研究一致证明，成绩—回避目标与不适应的学习模式相关联。成绩—回避目标的学生在学习中，倾向于使用浅加工的学习策略，复习功课时表现得无计划、无秩序，对学习的内在兴趣较低，表现出较多的焦虑、羞愧、无助等消极情感，并且容易出现心理健康方面的问题。

综上所述，没有一种成就目标是完美的。掌握目标能够提升学生的学习兴趣和内部动机，但对考试成绩没有预测作用；成绩—接近目标与兴趣和内部动机无关却可以预测较高的学习成绩。因此，近年来一些学者提出了多重目标的观点，即同时采用掌握—接近目标和成绩—接近目标两种目标，或针对不同情境追求不同的成就目标才能够获得最佳效果。

知识链接：成绩目标定向的利与弊

已有的研究发现，尽管掌握—接近目标能够提升学生的学习兴趣，但对考试成绩却没有积极的预测作用；相反，成绩—接近目标却对较高的学习成绩有预测作用。我们认为，导致这一结果的原因是，掌握—接近目标的学生在面对具体的学习情境时，缺少明确的学习目标。目标设置理论的研究发现，与没有设置目标，设置无难度的模糊目标，或有难度的、模糊的目标相比，具有适当挑战性的、明确的目标具有更强的激励作用和行为调节功能，更有利于学习和工作成绩的提高。对掌握—接近目标定向的学生而言，掌握所学知识、提升个人能力是努力学习的目的。但是具体操作的时候这个目标就显得太过模糊。做到什么样算是掌握了所学知识？以作文为例，是写够字数、语句通顺就算掌握写作技巧了？还是文章结构合理、能够运用成语就算掌握了技巧？还有，能力提升如何衡量？提升多少是达到标准？我今天学会了 1 个新单词是能力提升，学会 20 个单词也是能力提升，但在学习成效上二者是不同的。在这方面，成绩—接近目标有明显的优势。对于成绩—接近目标的学生来说，学习目标和成效的评价标准是清晰明确的：就是比班里其他人优秀。在面对具体的学习情境时，他们的目标很清楚，如作文要得“A”、英语单词竞赛获得第一名等。这类明确的目标不仅为学生指出了努力的方向，而且为其监控和调整学习行为提供了依据，所以他们能有更好的成绩也就不奇怪了。

不过，这并不意味着成绩目标是更好的选择。尽管已有的研究发现，成绩—接近目标对学生的学习成绩有积极的预测作用，也能够促使学生采用适应性的学习策略（如元认知策略），并在学习过程中付出努力，但它也会带来较高的考试焦虑和回避学业求助的结果，对学生的学习兴趣没有积极作用，甚至会损害内部学习动机，不利于长期学习。而成绩—回避目标则会干扰有效的、综合策略的运用，带来焦虑、羞愧、沮丧等消极情绪，降低学生的学习兴趣。综合来看，成绩目标定向对学业动机和学业成就的影响仍是弊大于利。

我们认为，为了保证在激发学生内在学习动机的同时，带来好的学习成绩，教师在设置学习目标激发学生学习积极性时，应该从两个方面着手：1. 通过创设掌握目标的课堂气氛来引导学生的掌握目标定向；2. 培养学生设置明确的、适当的学习目标的能力。前者有利于提高学生的学习动机，后者则可以弥补掌握目标的不足，帮助学生在明确目标的指引下提升学习成绩。

（三）情境目标结构影响个人的成就目标

成就目标理论的相关研究发现，学生对情境（主要是家庭和学校）目标结构的知觉影响其成就目标定向。

1．家庭目标结构

一个人生命的最初二十年主要是在家庭中度过的。在这段时间里，一个孩子完成了他基本的社会化过程，形成了相对稳定的价值观和思维风格。在家庭里，父母是子女最重要的教育因素，孩子的许多信念和思维习惯都是在观察、模仿父母行为的基础上形成的，包括对成就活动意义的知觉。已有的研究也证实，父母的目标定向情况影响着子女的目标定向。当孩子认为父母比较强调对成就任务的学习和掌握（即掌握目标定向）时，他们也会倾向于采取掌握目标，对学校和学习抱有积极的态度，更多地使用深层学习策略。而那些相信父母比较看重成绩的孩子则倾向于成绩目标定向。

2．学校和课堂目标结构

已有的研究表明，学生对学校和教师的目标定向情况的知觉影响着学生的成就目标。如果知觉到老师在课堂上强调的是对学习任务的掌握，重视的是学生能力的提高，而不单纯是考试成绩的高低，那么学生就会表现出较高的学习兴趣，偏好挑战性任务，倾向于将成功归因于努力，在遇到困难和挫折时仍坚持不懈，表现出一种适应的动机模式。如果老师过多地强调竞争和比较，则会导致学生对能力差异的过分关注，容易形成成绩目标定向。

埃姆斯（1992）指出，影响学生成就目标的课堂情境主要涉及三个方面的因素，即学习任务、权力分配、评价系统。如果课堂活动是有意义的、变化的、有挑战性的，则可能引导学生的掌握目标定向；如果教师能够给予学生一些真正的选择和控制机会，鼓励自主性学习，则可以提高学生对学习任务的兴趣，引导掌握目标定向；如果评价是私下进行的，并且是具体的、基于进步、学习和理解的，则被认为是会创造掌握定向的课堂情境，而当众的、强调社会比较的评价则会引导成绩目标定向。

第四节　如何运用目标设置和目标调节激发并维持学习动机

动机是教学中最重要的因素之一，只有想学、愿学的学生才能够学会各种知识技能。作为目标理论中最具代表性的两个理论，目标设置理论和成就目标理论分别探讨了不同水平的目标对个体行为的激励作用，强调了目标在学生学习中的重要意义，为教师激发学生的学习动机提供了理论依据。

成就目标理论的研究表明，学生对学业成就行为的目的和意义的理解，即成就目标定向影响其学习行为和体验，而且教师可以通过调整学校和课堂的目标定向影响学生的成就目标。那么在具体的教育情境中，应该引导何种成就目标呢?

一、创造掌握目标定向的课堂气氛

从前文的论述中可以看出，掌握—接近目标定向的学生通常表现出一种积极的、适应的动机模式，他们倾向于寻求挑战，专注于当前的学习任务，能有效地运用深层加工策略，如努力发掘新旧知识之间的关系等，面对失败仍然能够保持积极的情绪，不懈努力，是四种目标定向类型中比较积极的一种。

1990 年，在爱泼斯坦（J. Epstein，1988，1989）提出的影响学生动机系统的六种家庭结构的基础上，结合成就目标理论已有的研究成果，埃姆斯提出了课堂情境中影响学生成就目标定向的六种课堂结构因素，即任务设计（task design）、权力分配（authority distribution）、认可活动（recognition practices）、小组安排（grouping arrangements）、评价活动（evaluation practices）和时间分配（time allocation），简称 TARGET 模式。埃姆斯认为教师可以通过调节上述六种课堂结构创造一种有利于掌握目标定向的课堂气氛，并详细介绍了针对各个课堂结构的教学策略，及其所带来的学生学习动机的结果（见表 4－3）。

表 4－3　支持掌握目标的课堂结构和教学设计

课堂结构	教学策略	动机模式
任务维度	1. 关注学习活动有意义的方面	1. 关注努力和学习 2. 对学习活动有高度的内在兴趣 3. 努力归因 4. 基于努力的归因策略 5. 使用有效学习策略和自我调整策略 6. 投入学习活动 7. 对高努力学习任务的积极情感 8. （对学校、班级的）归属感 9. 能承受失败
	2. 设计新颖、多样、变化的，符合学生兴趣的学习任务	
	3. 设计具有合理挑战性的学习任务	
	4. 帮助学生建立短期的、自我参照的学习目标	
	5. 支持学生发展和使用有效的学习策略	
权力维度	1. 着重帮助学生参与课堂决策	
	2. 提供基于努力而非能力评价的真正的选择机会	
	3. 为学生提供发展责任心和独立性的机会	
	4. 支持学生发展和使用自我管理、自我监控技能	
认可与评价维度	1. 注重学生个人的提高、进步和掌握	
	2. 使评价隐私化，避免公开评价	
	3. 肯定学生的努力	
	4. 给予学生改进提高的机会	
	5. 鼓励学生将错误看成学习的一部分	
小组维度	1. 提供合作学习和同伴相互作用的机会	
	2. 采用异质的、多样化的小组划分方法	
时间维度	1. 调整学习不良者的学习任务或时间要求	
	2. 允许学生自己计划学习进度，逐步提高	

二、设置学习目标的原则

根据洛克等人（2002）的高绩效循环模型，教师在设置学习目标时要综合考虑目标特性及其影响因素对学习效率的影响，帮助和引导学生设置恰当的学习目标，进而改善学习成绩。

（一）鼓励学生自主制订学习目标

结合前文掌握目标课堂的设计，教师在引导学生设置学习目标时要根据学生现有的能力和水平，赋予学生一定的自主制订目标的权力。低年级学生的自我管理能力较弱，教师可以更多地扮演指导者的角色，帮助学生制订学习目标，但一定要解释设置该目标的理由，或者由教师事先列出一些不同难度的目标，让学生据此自主选择。这样的处理方式不仅能够增强学生的目标承诺，激发学习动机和自我调节学习，而且可以让学生从中学习到目标制订的方法。高年级的同学已经有较好的自主能力，就可以作为目标制订的主体，教师则扮演目标制订的合作者和向导，通过商讨的方式启发学生自己制订相关的学习目标。例如，教师说："明天我们要学习新的课文，大家认为需要做哪些准备工作？同学们讨论一下。"然后教师让同学们在讨论的基础上，拟订各自的预习目标，如，通读课文、整理新词汇、总结理解课文的中心思想等。

（二）设置明确具体的学习目标

目标设置理论的研究表明，明确的目标比模糊的目标具有更大的激励作用，因此管理者或教师在给下属或学生布置任务时，应当尽可能将目标明确化，以便使个体清楚地知道自己要做什么，以及做到什么程度。例如，语文教师在给学生布置预习作业时，如果简单地说"回去预习第五课的内容"，目标要求就太模糊了，学生根本不清楚在预习时要注意什么，是生字？段落？故事情节？还是修辞技巧？因此，许多学生常常是将课文通读一遍了事，预习的效果可想而知。一个比较明确的预习目标可能是，"请大家回去以后，结合黑板上所列的问题预习第五课的内容，希望大家在书上找出这些问题的答案，明天上课时讨论"。

（三）设置具有适当挑战性的目标

研究表明，在个体承诺完成目标的情况下，越困难的目标越有可能带来好的成绩。这是因为挑战性目标不仅给人们提出了较高的要求，而且也具有更大的争取价值，它促使人们付出更大的努力和坚持性，进而取得较高的成绩水平。低水平的目标即使实现了，也不能提升个体的自我效能感和满意感，对行为的促进作用很小。

不过，在设置挑战性目标时，应当注意目标的难度要适宜，所设置的目标水平应该是个体经过一定的努力可以达到的。如果目标水平远远超出了个人实际能力的范围，会降低个体完成任务的信心和对目标的承诺，不利于激发个体活动的积极性。因此在设置目标时应因人而异，只有合理的、现实的目标才能产生激发作用。同时，这样的分层目标设置也符合掌握目标定向的思想，即强调以学习和掌握为目标，鼓励学生制订符合自己的学习计划，逐步提高自身能力。

因此，对于那些每天都要面对的任务来说，适当的目标是那些需要个体付出合理的努力，而不是极度努力才能达到的目标。具体的做法有两个：一是根据每个学生以前的成绩来制订当前任务的目标；二是由教师提供几种不同水平的目标，每个学生可以根据自己的实际情况作出选择。

（四）将复杂的学习目标分解成具体的、简单的学习目标

目标设置理论发现，自我效能感是影响目标效用的重要因素。在教育领域中，一些学生不愿意主动完成某些学习任务，尤其是复杂的学习任务，在很大程度上是畏惧这样的学习难度，预期到自己可能没有能力、没有办法完成。因此教师把复杂的学习任务分解成具体的、便于完成的简单目标，可以使学生感到任务具有一定的可操作性，不再令人望而却步。通过一步步地完成任务，学生从中可以体验到自己的学习进步，获得满意感，最终把任务完成，增强了自我效能感，进而激发其自主学习的愿望。

（五）提供及时的、个性化的信息反馈和过程反馈

目标理论认为，奖励和反馈可以给个体提供有关自我效能的信息，从而鼓励他们继续努力。与远期目标相比，近期目标更容易达到，可以对成功提供更频繁的评价，使学生不断体验成就感，从而提高其自我效能感，进一步激发个体力争优异成绩的动机。不过，研究也发现，过多地设置短期目标可能降低个体对整体任务的关注，在带来较多的心理压力（因为频繁的评价）的同时，降低个体的内部动机。针对这一矛盾，里夫（J. Reeve，1996）提出，一种可能的解决途径就是：为那些本身缺少吸引力、枯燥无味的任务设置一些短期的目标，以增加积极强化与反馈的机会；而对于那些有意思的、吸引人的任务则应该设置较长期的目标，以免损害个体对活动的内在兴趣。

从反馈的内容来看，教师在提供反馈和奖励时，应当突出反馈的信息功能和对执行任务的过程反馈。研究发现，过多强调外界的要求和期望，使个体产生一种被操纵和控制的感觉，会降低个体从事活动的积极性和主动性。相反，如果教师对学生的评价和反馈是具体中肯的，是对学生某一方面的努力和进步的肯定，这种带有信息功能的奖励会对学生的自我效能感产生积极作用。因此教师运用反馈和奖励激励学生时，需要强调提供反馈的目的是为了让个体了解自己所取得的成绩和工作的进展情况，为下一步的活动内容和方向提供一个参照，而不是为了社会比较。

另外，成就目标理论发现，教师在评定学生的学习表现时，所采用的评价标准、评价形式和评价的内容可以创造出不同的课堂气氛，使学生对评价的目的和意义产生不同的知觉，进而导致目标定向的差异。如果教师只表扬班里那些成绩

比较好的学生，对那些很用功但成绩不理想的学生不予以肯定，那么学生们就会感到老师看重的只是成绩和能力，努力与否并不重要。这可能导致学生也将成绩放在第一位，接受成绩目标定向。因此采取个体化评价标准，即根据学生个人的努力和进步情况来评价其表现，将有利于学生的掌握目标定向。

三、设置学习目标的具体程序

里夫（1996）根据目标设置理论的思想，提出了在学校情境中，教师为学生设置目标的七个具体步骤。

（一）识别活动目的

在现实生活中，人们每天可能面对不同的活动情境和任务。例如，一个学生在学校中需要完成的任务就有抄写生字词，提高阅读能力和阅读速度，掌握运算技能等。任务的性质不同，评估的标准和所设置的目标也不同。例如，抄写生字的要求是字迹工整，无错别字；阅读的要求则是把握文章的主题和写作思路。因此，在设置目标之前，首先要确定的是活动的目的和内容。

（二）明确成绩的评估标准

所谓评估标准指的是将个体在任务情境中的表现进行量化的方法。在工作和教育领域中，存在着许多这样的评估个人表现的指标，如科研机构用以评估科研人员的指标通常是发表的文章和著作数，在学校里则常常用考试成绩来衡量学生对所学知识的掌握情况。活动的目的不同，评价活动成绩的方法也不同。

目标设置理论认为，目标是个体在任务情境中努力要达到的某种活动效果或成绩标准，即成绩评估系统中的某个具体的点，如十道阅读理解题中答对八道。因此，在确定目标的水平和要求之前，需要先明确评估任务的绩效标准。

（三）确定目标的水平

在目标设置过程中，确定所要完成的目标的难度水平是一个非常重要的步骤。从前文的论述中可以看出，目标水平与活动成绩之间存在着明显的正相关，在个人能力允许的范围内，目标的难度水平越高，成绩越好。

不过，在帮助他人设置目标时，必须注意以下几点。

1. 个体对所设置目标的承诺水平

如果个体不接受所指定的目标，也不打算去实现它，那么目标水平的高低将不会对活动效果产生影响。一般说来，个体对自己参与设置的目标会有较高的承诺，因此在条件许可的情况下，应当让活动主体参与目标的设置过程。

2. 个体的实际能力

由于每个人的能力不同，同样的目标有的人觉得容易，有的人觉得困难，因此权威人物在指定目标时应因人而异：一种方法是根据每个人以前的成绩来指定当前任务的目标；另一种方法是提供几种不同水平的目标，每个人可以根据自己的实际情况作出选择。

（四）明确目标的要求

明确目标的具体要求有助于提高个体的活动积极性和活动效果。明确的目标能清楚地告诉个体他应当做什么，进而促使个体将注意力准确地集中在所要完成的目标上。例如，学校里有些学生性格比较内向孤僻，不合群，他们自己也感到苦恼。这种情况下，老师常常会建议他们多与同学交往。可是“加强与同学的交流”是一个很含糊的目标，学生可能根本不清楚要如何去做，最后可能什么也不做。而“每周至少主动与同学交谈十分钟”则是一个较明确的目标，它能真正促使学生采取行动，改善自己的人际关系。

（五）规定目标的完成期限

在设置目标时，除了要确定目标的水平和具体要求外，还需要限定目标完成的时间，否则目标的设置就没有任何意义。一个没有时间限制的目标等于没有目标，无法对个体的活动产生促进作用。例如，让一个孩子背诵唐诗三百首，但没有说明什么时间完成，那么这个孩子可能会想“反正也没有时间限制，我一个星期或一个月背一首就行了，不用着急”。甚至过了一阵子，他都不记得曾经有过这样一个目标。

（六）目标的重要性排序

在实际生活中，人们可能同时面临多个目标。比如一个学生既要准备下周的班长竞选演讲，又要完成老师布置的论文，还要争取在单元测验中取得好成绩。但是，一个人的时间和精力毕竟是有限的，不可能事事全力以赴。因此，在设置目标的同时，还需要根据目标的重要性来决定哪些目标需要优先实现，哪些目标需要投入更多的时间和精力。

（七）讨论目标达成的策略

有效的任务策略对于实现目标来说是必要的。在教育领域中，教师们对于如何掌握课程内容有着丰富的经验。如果教师能主动与学生讨论完成学习目标可能的途径和方法，如阅读的技巧、掌握某个定律的小窍门等，并帮助他们选择适当的任务策略，将能够有效地提高学生完成学习目标的信心，保证学习效果。

【建议参考资料】

1. 郭德俊. 动机心理学：理论与实践［M］. 北京：人民教育出版社，2005.

2. 刘海燕，邓淑红，郭德俊. 成就目标的一种新分类——四分法［J］. 心理科学进展，2003（11）：310－314.

3. 刘海骅，庄明科. 成就动机的多重目标理论［J］. 心理与行为研究，2004(2)：474－478.

4. 孙丽. 目标设置理论及其教育应用［J］. 外国中小学教育，2008（1）：37－42.

5. 杨秀君. 国外成就目标研究的新进展［J］. 心理科学，2007（3）：755－757.

6. AMES C. Classrooms: goals, structures and student motivation [J]. Journal of Educational Psychology, 1992, 84 (3): 261-271.

7. DWECK C S, LEGGETT E L. A social-cognitive approach to motivation and personality [J]. Psychological Review, 1988, 95 (2): 256-273.

8. ELLIOT A J, HARACKIEWICZ J M. Approach and avoidance achievement goals and intrinsic motivation: a mediational analysis [J]. Journal of Personality and Social Psychology, 1996, 70 (3): 461-475.

9. ELLIOT A J, MCGREGOR A H. A 2×2 achievement goal framework [J]. Journal of Personality and Social Psychology, 2001, 80: 501-519.

10. FORD M E. Motivational opportunities and obstacles associated with social responsibility and caring behavior in school contexts [M] //JUVONEN J, WENTZEL K R. Social motivation: understanding children's school adjustment. Cambridge: Cambridge University Press, 1996.

11. LATHAM G P, LOCKE E A, FASSINA N E. The high performance cycle: standing the test of time [M] //SONNENTA G S. Psychological management of individual performance. Chichester: Wiley, 2002: 201-228.

12. LOCKE E A, LATHAM G P. A theory of goal setting and task performance [M]. Englewood Cliffs, New Jersey: Prentice Hall, 1990: 76-81, 226-251.

13. NICHOLLS J G. Achievement motivation: conceptions of ability, subjective experience, task choice and performance [J]. Psychological Review, 1984, 91 (3): 328-346.

14. PINTRICH P R. The role of goal orientation in self-regulated learning [M] //MBOEKAERTS M, PINTRICH P R, ZEIDNER M. Handkook of self-regulation: theory, research and applications. San Diego, California: Academic Press, 2000: 451-502.

15. REEVE J. Motivating others: nurturing inner motivational resources [M]. Boston: Allyn & Bacon, 1996.

【问题与思考】

1. 目标的动机作用机制是什么?
2. 目标的哪些特性会影响活动效率?
3. 什么是高绩效循环模型? 它对学习目标设置有哪些启发?
4. 成就目标的类型有哪些? 它们对学生的学习行为有怎样的影响?
5. 试比较传统课堂与掌握目标课堂结构的差异。
6. 结合实际的教学活动，为学生设计一个适当的任务目标。

第五章　成就动机

【本章提要】

“在我们的生活中最让人感动的日子总是那些一心一意为了一个目标而努力奋斗的日子，哪怕是为了一个卑微的目标而奋斗也是值得我们骄傲的，因为无数卑微的目标累积起来可能就是一个伟大的成就”（俞敏洪）。许许多多类似的励志箴言总是能够给成长中的年轻人以召唤、以力量，鼓舞年轻人去追寻心中的梦想——成就。追寻成就的过程即是成就动机的作用过程，成就动机表现为人们希望从事对他有重要意义的、有一定困难的、具有挑战性的活动，在活动中能取得完满的结果和成绩并能超越他人。成就动机与各种各样的活动相伴随，无论学习、工作，还是竞技体育、社会生活，都离不开成就动机作用。本章重点介绍成就动机的含义、类型，成就动机理论和成就归因理论，并在此基础上介绍如何培养和激发合理健康的成就动机。

【学习重点】

1. 了解成就动机的概念和分类。
2. 掌握培养和激发成就动机的实践策略。
3. 理解成就动机理论和成就归因理论。

【重要术语】

成就动机　争取成功的动机　避免失败的动机　挑战性任务　归因　控制点　稳定性　可控性　自我归因　人际归因　积极归因方式

第一节　成就动机概述

每一个人类个体的生命发展历程其实就是一个不断追逐的过程，儿时追逐快乐，长大了追逐成就，年老了追逐健康长寿。由于成就追求是青少年时期和成年时期特殊的生存与成长状态，因而受到动机心理学的特别关注。无论是在学校还是在组织情境中，成就动机始终是一个重要的研究课题。20 世纪 30 年代，美国心理学家默里首先提出人类的成就需要，他认为每个人都拥有“克服障碍，施展才能，尽快尽好地解决某一难题的需要”。20 世纪 60 年代麦克兰德和阿特金森分别从宏观和微观角度系统研究了人类的成就动机，70 年代，教育心理学家韦纳系统分析了学校情境中的成就归因，推动了成就动机研究与认知理论的结合。80—90 年代的自我效能理论和成就目标理论都进一步丰富和拓展了成就动机理论。由于自我效能理论和成就目标理论已经在其他章介绍，本章将重点介绍早期的成就动机理论和成就归因理论。

一、成就动机概念

成就动机概念的提出最早可以追溯到心理学家默里（H. A. Murry，1893—1988）。默里是一位美国心理学家，他曾在哈佛大学执教 30 年并担任哈佛大学心理诊所的主任。1935 年他和同事开发出主题统觉测验（TAT），1938 年出版了经典著作《人格探索》（*Explorations in Personality*）。在这本著作中，默里对人类的 20 多种需要进行了系统分析，但他后来的大部分精力都放在了成就需要上。

默里（H. A. Murry）

默里对成就需要作出了如下解释："完成某件困难的事情，掌握、操纵或组织物理客体、人或思想，尽可能迅速、独立地做这些事情，克服障碍达到一个高标准，超越自己，与他人竞争并超越他人，通过成功的能力实践以增加自尊"。从默里对成就需要的界定中我们可以得到的启示是，成就动机是一个与任务性质、个人能力、内在和外在评价标准相关联的动机结构。

因此成就动机可以定义为人们希望从事对他有重要意义的、有一定困难的、具有挑战性的活动，在活动中能取得完满的结果和成绩并能超越他人（郭德俊，李燕平，2005）。一个幼儿希望自己拿勺子吃饭，自己系扣子、系鞋带是成就动机的表现；他想跟小朋友赛跑，希望自己比别人跑得快也是成就动机的表现；成人强烈的事业心、面对困难不屈不挠的决心和勇气都包含着成就动机的作用。

成就动机在工作、学习和生活中具有重要作用。首先，成就动机影响人的活动业绩，许多研究发现在两个人的智力水平大致相似的情况下，成就动机高的人在活动中成功的可能性更高。其次，成就动机还会影响人们的职业选择，麦克兰德研究发现，成就动机低的人，更愿意选择风险较小、独立决策较少的职业；相反，成就动机高的人喜欢毛遂自荐，愿意承担富于开创性的工作并在工作中敢于自己作出决策。此外，人的成就动机还会推动人们去争取一定的社会政治、经济地位，追求在团体中受尊重，享有权力和履行义务，因而它和权力动机相关度较高。

二、成就动机的分类

（一）广义的成就动机分类

阿特金森（J. W. Atkinson）认为，广义的成就动机包括两个部分：一是追求成功的倾向，表现为趋向目标的行动；另一种是避免失败的倾向，即想方设法逃脱成就活动或情境，避免预料到的失败结果。

这两者在强度上可能不一样，根据上述两方面何者占优势可以区分出两种不同类型的人：力求成功的人和避免失败的人。阿特金森认为，生活使人面临难度不同的任务，他们必须会评估自己成功的可能性。力求成功的人旨在获取成就，他们倾向于选择自己预计成功有把握的任务。因为这种任务给他们提供了最大的现实挑战。如果他们认为成功完全不可能或者成功是轻而易举的，动机水平会下降。反之，避免失败的人则倾向于选择更易获得成功的任务，以使自己免遭失败；或者选择极其困难的任务，这样即使失败了，也可为自己找到合适的借口。

（二）学校情境中的成就动机分类

教育心理学家奥苏贝尔（D. P. Ausubel）根据成就动机在学校情境中的表现形式，将成就动机进行了界定。他指出：“一般称为学校情境中的成就动机，至少应包括三方面的内驱力决定成分，即认知内驱力、自我提高的内驱力和附属的内驱力。”根据这一界定，学校情境中的成就动机可以划分成三类。

1. 认知动机

认知动机来源于认知内驱力，这是一种要求了解和理解的需要，要求掌握知识的需要，以及系统地阐述问题并解决问题的需要。认知内驱力本质上是一种内部动机。这种内驱力多半是从好奇的倾向，如探究、操作、领会以及应付环境等有关的心理素质中派生出来的。观察儿童的日常生活，我们即可以发现，儿童很早就对环境充满好奇心并开始探究他们周围的世界，他们很容易被新异的景象和声音所吸引，不断摆弄和考察他们手中的玩具或别的小东西。他们也因为对环境中的新奇事物特别敏感，总是不断地向成人询问：这是什么？那是什么？这是为什么？那是为什么？当然，儿童这种先天的认知倾向还不具备真正的动机性质，因为它还没有特定的内容和方向。奥苏贝尔认为，只有当学生在有意义的学习过程中，不断获得成功的经验，而不断成功的学习经验，又进一步促使学生期望在随后的学习中获得更大满足的时候，认知内驱力才可能成为有意义学习情境中的一种最重要、最稳定的动机。

2. 自我提高动机

自我提高动机源于自我提高的内驱力，它是指个体的那种因自己的胜任能力或工作能力而赢得相应地位的需要。这种需要从儿童入学开始日益显得重要，成为成就动机的主要组成部分。与认知内驱力不同，自我提高的内驱力的目标指向不是学习任务本身，而是因完成任务所赢得的能力水平或社会地位的提升。例如，学生在学校中努力学习，一方面能够提高他的能力水平，与此同时也能够提升他在班级中的排名；公司的员工努力工作，一方面能够提高他的工作能力，另一方面突出的业绩和工作能力的提升，也能够给他带来晋升职位的机会。奥苏贝尔指出，由于一定的成就地位决定着一个人自尊的满足与否，所以自我提高的内驱力乃是把成就看做赢得地位与自尊的根源，这显然是一种外部动机。

需要注意的是，尽管自我提高的动机能够激发学生的学习，但不可过分强调。因为过分强调该动机，有可能会助长功利主义的倾向。学生的学习动机，如果主要着眼于取得外来的利益和报偿，他们学习的内部动机就会被削弱，其结果常常是，当他们结束一门功课之后，就会把这方面的知识抛到脑后，相关的学习便从此结束。

3. 附属动机

附属动机是指一个人为了保持长者们（如家长、教师等）的赞许或认可而表现出来的把工作做好的一种需要。这是因为学生与长者在感情上具有依附性，同时，长者的认可又可获得一种派生的地位，即这种地位不是由他本身的成就水平决定的，而是从他所追随和效法的某个人或某些人不断给予赞许或认可中引申出来的。

研究指出，成就动机表现出来的认知内驱力、自我提高的内驱力与附属内驱力这三个组成部分的不同比重，通常随着年龄、性别、社会阶层、社会地位、种族以及人格结构等因素而变化。

第二节　成就动机理论

上一节谈到默里是成就动机研究的开创者，20 世纪 60 年代至 70 年代初，成就动机成为了动机理论和实验研究的核心。美国心理学家麦克兰德和阿特金森接受了默里的思想，并将其发展为成就动机理论。该理论首先将成就动机取向看做是一种人格特质，并在此基础上提出了成就动机的数量化的理论模型，探讨了成就动机水平与学业水平的关系。

一、争取成功与避免失败

阿特金森认为成就动机代表的是一种相对稳定的倾向或者说是一种追求成功的持久倾向（气质），它包括两个方面：争取成功和避免失败。这两种倾向在不同个体身上的表现存在差异，如果一个人争取成功的动机高，他对成功就拥有更高程度的渴望，也更加愿意接近或参与成就任务，也即他具有“体验成功感的能力”（Atkinson，1964）。相反，如果一个人避免失败的动机高，他就会尽最大可能回避参与有可能失败的任务。

考查成就动机的个体差异是 20 世纪 70—90 年代动机研究的一个热门话题。

经过大量的实证研究发现，具有争取成功倾向的人和具有避免失败倾向的人在成就任务的选择、坚持性和失败之后的动机特征上具有显著差异。

在任务选择方面，争取成功者倾向于选择中等难度的任务，避免失败者倾向于选择低难度和高难度任务。麦克兰德曾做过一个实验，实验被试是5岁的儿童。实验中让一个孩子走进一间屋子，手里拿着许多绳圈，让他用绳圈去套屋子中间的一个木桩。孩子可以自由选择自己站立的位置，并且让他们预测他们能够套中多少个绳圈。结果发现，追求成功的孩子选择了距离木桩适中的位置，而避免失败的孩子却选择了要么距离木桩非常近，要么距离木桩非常远的位置。这个实验证实了前边的理论假设，而且这一发现在不同年龄、不同的任务中取得了一致性的结果。

在任务坚持性方面，争取成功者和避免失败者也表现出很大差异。费瑟（Feather，1961）曾设计实验对此进行了考查。他要求89名男性被试绘一个图表，但不能抬笔，也不能折回。他采用这样的方法区分了被试的争取成功动机和避免失败动机，结果发现当告知被试任务成功的可能性很高时，争取成功动机高的人坚持的时间更长；相反，回避失败动机高的人，即使知道成功的可能性很高，一遇到失败也会立刻停止任务，但是如果告诉他们成功的可能性很小，他们坚持的时间反而会更长。

从失败之后的动机特征来看，一旦失败，寻求成功者的动机会增强，而避免失败者的动机则会减弱（Weiner，1986）。也就是说，寻求成功的人会愈挫愈勇，而避免失败的人则倾向于浅尝辄止。

需要指出的是，在特定的成就任务情境下，个体的动机状态如何并不完全取决于人的动机特质，其中任务成功的可能性和诱因值也发挥着重要作用。成就动机理论用一个数量化的三因素模型进行了阐释。

二、成就动机的三因素模型

阿特金森提出接近成就目标的趋势（Ts）是由三个因素决定的，这三个因素是：成就需要或渴望成功的动机（Ms），成功地完成任务的可能性（Ps）和成功的诱因值（Is）。这些成分是一种相乘的关系，$Ts = Ms \times Ps \times Is$。在这个公式中，Ts代表特定情境下个体追求成功的倾向，Ms代表成就动机，它是一种相对稳定的人格倾向或者说是一种追求成功的持久倾向（气质），可以通过主题统觉测验得到，Ms是在个体发展早期通过特殊的儿童教养活动形成的。Ps代表成功的可能性，指的是一种认知期待，为操作方便，这种期待变量通常根据一项任务的标准难度来确定。Is代表成功的诱因值。阿特金森预测Is与Ps恰好相反，即$Is = 1 - Ps$，这是因为成功的诱因值是“成功自豪感”产生的一种效应。由此推论，个体在一项困难的任务（Ps低）成功之后所体验到的自豪感要大于其在一项容易任务（Ps 高）成功后体验到的自豪感。由此可以得出以下具有深远意义的推论。

在任务难度为中等（Ps = 0.50）时，动机作用达到最大值。同时，如果一个人的成功欲望越大（Ms 值越高），中等难度的任务对这个人越具吸引力。相反，一个人越不在乎成功（Ms 值越低），这个人越有可能选择很容易或很难的任务。这些衍生出来的观点使阿特金森的理论被视为一种与成就有关的冒险理论。

阿特金森还认为在与成就有关的任务情境中，人们既可以展现出对成功的渴望，也有可能表现出对失败的担心，对失败的担心程度可以看做是特定情境下避免失败的倾向，可以用 Taf 表示，与特定情境下追求成功的倾向的计算公式相似，$Taf = Maf \times Pf \times If$。Maf 表示避免失败的动机特质，Pf 表示失败的可能性，If 表示失败的诱因值。与前边一样，$If = 1 - Pf$。也就是说失败的可能性减小时，失败的诱因值就增加。失败的诱因值可以理解为一些消极的情感体验，如羞愧、消沉等。这意味着在一件很容易的事情（失败的可能性 Pf 很小）上如果失败了，个体所体验到的羞耻感要高于在困难任务上体验到的羞耻感。这一点恰好可以解释为什么避免失败者在容易的任务上一遇到失败就马上放弃的原因。

由于在同一任务情境中，每个人可能同时具有追求成功的倾向和回避失败的倾向，所以最终的成就动机水平就等于“追求成功的动机强度”减去“避免失败的动机强度”，用公式可以表示为：

$$Ta = Ts - Taf = (Ms \times Ps \times Is) - (Maf \times Pf \times If)$$

根据这一理论模型可以推断，如果一个人在一种特定的情境中追求成功的动机大于避免失败的动机，那么他就敢于冒风险去迎接挑战性的任务。所谓挑战性的任务是指成功概率大约为 50% 的任务。这种挑战性任务能激发高成就需要的人，使他们能够抵制不可靠的意见，有自己独立的见解。当这些人面对稳操胜券的任务或成功的概率非常低的任务时，他们的动机水平反而会下降。相反，如果一个人对失败的担心大于对成功的追求，那么他就有可能因失败而灰心丧气，由于成功而得到鼓舞。这种类型的人倾向于选择非常容易的任务或非常困难的任务，容易的任务可以使他们免遭失败；选择极其困难的任务即使失败，也可以找到适当的借口，从而降低羞耻感。

第三节　成就归因理论

“说说，你为什么成绩退步了？”

“这孩子就是聪明，什么样的难题都难不倒他！”

“多亏有你帮助，要不然肯定没有今天的结果。”

“谢天谢地，老天爷给了我这么好的运气，让我的考试通过了！”

以上话语经常挂在我们嘴边，平日里我们可能并没有在意过这些话对说话人自己和听者意味着什么，但心理学家却仔细研究了这些话语，认为其中蕴涵着人们对成功与失败的“归因”。在成就动机领域，最早关注归因问题，并提出系统的成就归因理论的心理学家是美国的韦纳（B. Weiner），他于20世纪70年代提出了著名的成就归因理论。

韦纳（B. Weiner）

韦纳是美国著名社会心理学家。他于1963年获密歇根大学博士学位，1963—1965任明尼苏达大学助教，1965年至今任洛杉矶加州大学教授。1990年，韦纳获得美国心理学会社会心理学分会卓越研究贡献奖，1994年获美国教育研究会出版奖。韦纳历任《认知与情绪》、《教育心理学》、《人格杂志》、《人格与社会心理学杂志》、《人格研究杂志》、《动机与情绪》、《人格与社会心理评论》、《心理探询》、《社会行为与人格》等刊物的顾问编辑。

韦纳始终致力于动机与情绪研究，对心理学的最突出贡献是提出了成就归因理论。他提出这一理论的意义不仅在于将人际关系研究的理论范式引入成就动机研究中，更为有意义的是该理论创造性地将认知成分融入到人类动机与情绪的解释体系中。韦纳的归因理论将社会认知过程作为成就动机变化的原始基础，构建出了一种复杂的动机模型。按照该理论，在成就情境中，伴随着特定的行为结果，个体有意无意地都会寻找它产生的原因，找到的原因不同，随后的成就动机水平也就不同。决定成就动机变化倾向的是对成功与失败的归因特点。韦纳的归因理论对指导儿童的教育和教学具有重要意义，他相信，通过教育可以使每一个学生都可以在课堂上建立起相似的心理动力。下面详细介绍韦纳的归因理论。

一、归因的含义和作用

归因（attribution）作为心理学中的一个重要概念，最早出现在奥地利心理学家海德（F. Heider）的著作《人际关系心理学》中，指个体对某一事件或行为结果的原因的知觉。海德认为每一个人都会像科学家一样不断地寻求对其周围世界的理解，归因是个体社会知觉的一部分，它所描述的是人们对自己和对他人行为原因的解释。海德最初运用归因来解释人际关系的变化，20世纪70年代美国心理学家韦纳将归因概念引入成就动机分析中，从而发展为动机的归因理论。

在成就领域内，归因的含义是在面对成功与失败的结果时，人们寻找成功或失败的原因并作出解释的过程。归因反映的是人们对引起某个事件的原因的认识，这种认识源于人们的主观推断，因而带有很强的主观性和个体差异性。例如，在第30届伦敦奥运会上，我国16岁的泳坛小将叶诗文在400米混合泳和200米混合泳中获得金牌，并两次打破世界纪录之后，全世界在为之惊叹之余都在追问，她为什么游得这么快？

她自己的解释是：长期的科学训练。

中国游泳队英籍教练的解释是："中国运动员超级能消化高强度的训练，他们能比西方运动员容忍更长时间的痛苦。每天每时每刻他们都能准时出现在训练场并全力以赴。能代表自己的国家出征他们感到非常自豪，他们有着十分强烈的团队精神。"

寻常百姓的解释：叶诗文是一个游泳天才。

居心不良者的解释：她可能服用了兴奋剂。

在韦纳看来，归因不是一个独立的过程，它是连接上一次行为和下一次行为之间的重要环节，也就是说对上一次行为原因的解释将对下一次行为产生重要作用。这就是归因的动机作用所在。归因理论进一步指出，个体的不同归因方式会影响其对后续行为的选择性和坚持性，也影响个人的自我评价和情绪反应。比如，当一个人将自己的学业失败归因于自己不努力时，他就很可能在后续的学习中改变自己，其自信心不会因这次失败而降低或丧失；相反，如果他把学业失败归因于自己不聪明或缺乏某些功课的学习能力，他就很可能灰心丧气，放弃学习或在今后回避从事和学习有关的事情。

二、成就归因的理论模型

归因理论认为寻求理解是行为的基本动因。在成就领域内，当人们面对成功与失败时，总是会进行因果解释，如把成功或失败归因于能力、努力、态度、知识基础、任务难度、他人帮助、兴趣和运气等。韦纳认为其中的能力、努力、任务难度和运气是人们解释成功与失败时四种主要的原因。韦纳从控制点、稳定性和可控性三个认知维度对这些原因进行了系统分析（见表 5－1）。控制点指原因在于行为者自身还是外部环境；稳定性指一个原因不随时间而变动的特性，分为稳定与不稳定；可控性指原因随主观意志而变化的程度，分为可控的与不可控的。

表 5－1　成功与失败归因

控制点	稳定性程度	
	稳定的	不稳定的
内部的 成功 失败	能力 "我很聪明" "我很笨"	努力 "我下了工夫" "我实际上没下工夫"
外部的 成功 失败	任务难度 "这很容易" "这太难了"	运气 "我运气好" "我运气不好"

资料来源：WEINER B．A theory of motivation for some classroom experience［J］．Journal of Educational Psychology，1979，71：3－25．

归因理论的一个核心假设是：人们总是努力维持一种积极的自我形象，所以当活动成功时，个体倾向于将成功归因于自己的努力或能力；当活动失败时，个体则倾向于把失败的原因归结为一些自己不能控制的因素，即找借口。尤其是那些经历了失败的学生为了能够在同伴面前保住自己的面子，则更倾向于找一个外部的不可控制的理由。有时候，人们为了逃避责任，同样也会将失败归因于一些外部的不可控制的原因。

归因理论还认为归因的三个维度与不同的认知、情感和行为相关。

原因的控制点维度决定着一个人的自豪感和自尊是否会随着成功或失败发生改变。成功之后的内归因（归因于自己方面的因素）会提高自尊，失败之后的内归因会降低自尊，而成功与失败之后的外归因（归因于外部环境因素）却不会如此。已有研究证实，自豪感和自尊会促进对成就的追求，因此内归因是实现目标的积极动力。

原因的稳定性维度影响人对成功的主观期待。如果将成功归因于一个稳定的原因，如天赋，那么人们就会对未来的成功抱以期待。按照相似的方式，若将失败归因于稳定的原因，人们就会推断将来也不可能成功。因此，面对失败，若归因于努力不够和运气不好等不稳定的因素，人的坚持性就会提高。

原因的可控性维度与许多具有动机意义的情感有关，这些情感包括愤怒、内疚、怜悯和羞耻感。特别是，如果一个人的成功受阻于其他人控制的因素（如噪声、偏见），他就会产生愤怒；当一个人由于内在的可控制的原因而失败或违背契约时就会产生内疚感，这些内在的可控制的原因包括不够努力或疏忽大意。怜悯和同情是向那些因为无法控制的原因，包括能力缺乏或身体残疾而未能实现目的的人所表达的情感。羞耻感是人因为无法控制的内在原因，如能力低而失败时所产生的主导反应。

在归因理论框架下所进行的大量研究表明，无论是面对成功还是面对失败，努力归因是最具有适应意义的归因。为此一些研究者开发出一些改变学习成绩的方案，这些方案旨在引导学生将失败归因于努力不够（一种不稳定的因素），而不是归因于能力低（一种稳定的因素）。有许多成功的案例报告，经过反复训练，被试会更多地将失败归因于缺乏努力并表现出成就追求增长的态势。

三、人际归因理论

归因不仅仅都是针对自己的行为或事件，很多时候我们也会对别人的行为进行归因，前者称为自我归因，后者称为人际归因。前面介绍的成就归因理论主要针对的是自我归因。20 世纪 90 年代，韦纳对自我归因理论（又称为个体内动机理论，intrapersonal theory of motivation）和人际归因理论（又称为人际间动机理论，interpersonal theory of motivation）进行了区分，并致力于人际归因理论研究。

自我归因理论建立在把人比做科学家的思想基础上，而人际归因理论则是建立在把人比做法官的思想基础上。法官具有理性和客观性，同时，法官还具有丰富的情感。法官在得出结论之后，还要作出实施惩罚或饶恕，甚至奖励的判决。在法官执行判决的过程中，情感起着核心的作用。法官可能富有同情心，也可能感到愤怒，也可能心存报复，这些情感会影响到判决的产生。

人类个体在获取成就的过程中，无论成功还是失败都不可能在真空状态下发生，丰富的社会环境影响着他们的成就表现。一个人的社会环境包括与其相关的重要他人，如同伴、老师和父母。面对某个学生的成功或失败，他身边这些重要的人的情感会随之跌宕起伏，或欢欣鼓舞或悲伤遗憾，或愤怒或同情；然后还会有相应的行为反应，如奖励、惩罚、帮助或忽视。这些情感或行为反应进而会影响学生的情绪状态、目标选择、行为的坚持性等，并进一步影响事情的结果，会影响到他人对行为者的评价，影响到社会情感的产生。

图 5－1 以学业失败情境为例，描述韦纳所提出的人际归因理论，我们可以从中理解韦纳的人际归因模型。

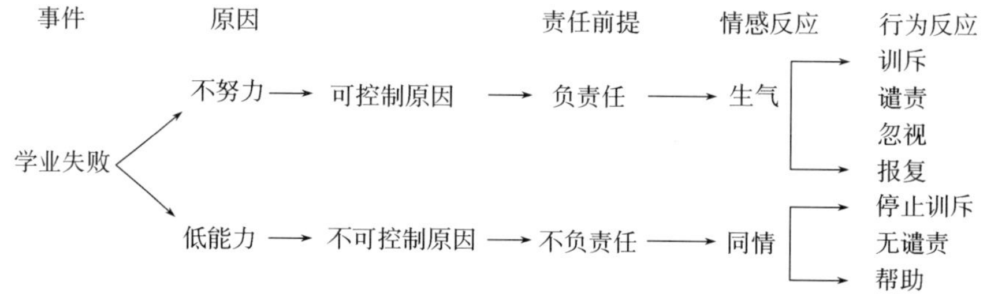

图 5－1　人际归因效应

按照上述人际归因模型，教师对学生学业失败原因的解释影响着教师与学生间的互动，教师与学生互动的核心是教师归因中的可控性维度。一般来讲，如果教师把学生的学业失败看做是学生不可控的原因（如低能力）造成，教师就有可能认为这个学生对自己的学业失败没有责任，教师反而会同情这个学生，并与这个学生进行积极的互动，去帮助他取得进步。但如果教师把学生的低成绩归咎于学生可以控制的原因（不努力），教师就会向学生发火，就会惩罚学生，拒绝给以帮助。教师的情感反应会成为学生进行个体内归因的重要线索，这些情感反应也能提供归因线索。例如，如果一个学生失败后，教师向他表达了怜悯和同情，那么这个学生就倾向于将自己的失败归因于能力低。因此怜悯会损害个体的能力信念。相反，教师或家长的愤怒会提高个体的能力信念，因为透过愤怒的情绪，个体接收到的是他的努力还不够的信息。所以，人际间的动机归因理论可以帮助教师和家长分析他们与学生的互动情况，使教师和家长发展起有利于提高学生学习动机的师生和亲子互动方式。

以上介绍了韦纳的归因理论，这一理论创造性地将动机和归因结合到一起，而且改变了以往的研究传统，将研究重点从人们如何进行归因转到归因后果是什么。该理论认为归因影响期望和情感反应，而这种情感和期望又引发了后继的行为，成为后继行为的动因。无论自我归因还是人际归因都贯穿着认知—情感—行为这一动机序列。韦纳曾用一个简明的归因模式图（Weiner，1980）阐明了归因、情感、期望与行为之间的动力关系，如图 5－2 所示。

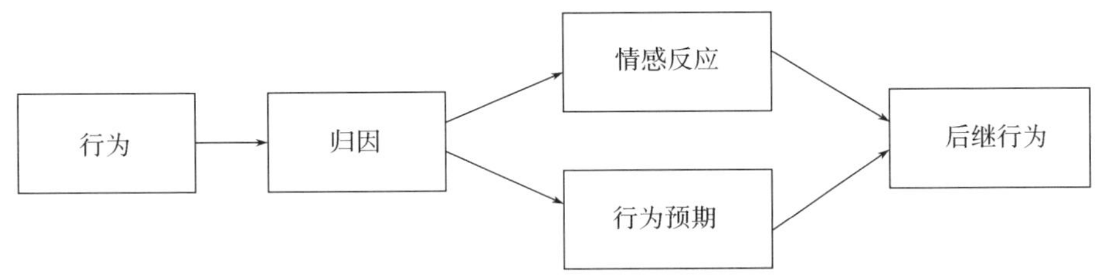

图 5－2　韦纳的简明动机归因模式图（Weiner，1980）

人际归因和自我归因的不同之处就在于：人际归因不是行动者对自己取得的结果进行归因，而是由他人即老师、家长、同伴等对行为者取得的结果进行归因。这种归因与个体自己的归因可能一样，也可能完全不同。

第四节　成就动机的培养与激发

成就动机是个体执行成就任务过程中不可缺少的动力成分，但从动机与任务绩效的关系来看，并不是成就动机越高，任务绩效就越高。所以培养和激发成就动机所关注的并不仅仅是动机水平的高低，更重要的是培养和激发什么样的成就动机。结合与成就动机相关的多种心理因素，我们提出如下建议。

一、鼓励"尝试"，调动个体的成就需要

根据阿特金森的成就动机理论，决定成就动机高低的首要因素是成就需要；而按照默里的解释，成就需要是一种克服困难，掌握和操纵客体、人或思想，施展才能，独立完成任务，并达到一个高标准的需要。这种成就需要实际上融合了胜任需要和自主需要。德西和瑞恩的自我决定理论认为胜任需要和自主需要作为人类的基本心理需要是与生俱来的，是成就动机发展的自然前提。在儿童成长过程中，这些自然的基本心理需要如果能够被充分调动出来，并得到充分满足，个体的成就动机就会健康地发展起来。无论是对于儿童还是对于成人，为了调动这些基本的心理需要，可以多运用鼓励策略。多鼓励个体"自己来"、"试一试"，每个人也可以做这样的"自我鼓励"。

每个人都有克服困难、取得成功的愿望，但是如果一个人生活在溺爱的、大包大揽的家庭环境中，就很可能满足于被娇宠的快乐。同样，如果一个人生活在

过分严苛的、不被信任的人际环境中，个体追求成功的需要就会被压抑，而且很可能转变为一种回避成功的动机。因此鼓励个体在有难度的任务面前“试一试”是调动个体的成就需要、培养和激励成就动机的首要策略。

二、建立积极的切合实际的期望

“这件事情能成功吗?”“我们有多大把握做成这件事情?”每每遇到有一定难度的任务时，人们都不免会这样问自己。成就动机理论认为，决定特定情境下成就动机高低的另一个重要因素是对任务成功可能性的估计。这种估计并不是一个完全客观的指标，它的高低在很大程度上取决于个体的自我能力知觉（或自我效能感)、任务难度和周围人的期望。

周围人的期望作为一种环境线索影响着个体的成就动机。我们经常听到人们说:“为了不辜负父母的期望，我会努力……”。例如，当父母或教师对学生有成功的期待:“你能够做得更好”，“你能行”，学生往往会表现出更高的成就动机，进而会有更好的行为和成绩。但是对一个儿童来讲，父母或教师的期望要切合实际，不能因好高骛远而挫伤儿童的自信心。

对于教师而言，在课堂上向学生表达积极的期望时，可以采用如下策略。

1. 等待学生的回答。罗等研究者（Rowe et al，1974）发现，当教师对学生有较高期待时，他们等待学生回答问题的时间会更长。较长时间的等待意味着对学生有较高的期望，由此也可以提高学生的成绩（Tolbin，1987)。

2. 单独和每一个学生谈成绩和排名。将学生的成绩排名公之于众无论是对成绩好的学生还是成绩不好的学生都会带来很大的威胁和压力，容易导致学生害怕失败的情绪，这不利于学生成就动机的培养和激励。因此建议教师单独和每一个学生谈论他的评价结果和排名，这样既可以保证教师尊重每一个学生，又可以方便教师向每一个学生表达自己的期望和关注。

3. 平等地对待每一个学生。给不同水平的学生提供同等的回答问题的机会和相同的等待时间，尤其不要带有偏见地反馈和评论。研究发现，教师经常在无意间向某些学生传递了能力评价和低期待（Kahle & Meece，1993；M. Sadker，D. Sadker & Long，1997)。

三、设置具有挑战性的任务

成就动机理论中，“挑战性任务”是一个有特殊含义的概念，它意指中等难度的任务。成就动机理论认为在任务难度为中等（Ps =0.50）时，动机作用达到最大值。对于成功欲望大于回避失败欲望的个体而言，中等难度的任务最具吸引力。难度过高或非常简单的任务都不利于激发个体的成就动机。

对于教师而言，在教学中给学生设置挑战性任务的策略如下。

1. 提供需要解决的问题情境。问题情境是指新遇到的，通过将已有的知识和原理进行重新组合、加工才能处理的情境。学生处理这种问题情境过程需要独立思考、重新组合加工知识，克服困难，调动解决问题的策略或者学习新的解决问题策略，这实际上都具有挑战性。当学生通过这样的努力过程将问题解决之后，他们的自我效能感会随之提高，成就动机也会进一步发展和提高。相反，如果学生只是单纯地通过记忆或简单重复来学习知识，他们就会厌倦学习，逃避成就任务。

2. 设计只有付出一定努力才能够成功的任务。对于有成功追求的学生来讲，如果任务过于简单，完成任务的过程又过于机械，他就会丧失对该任务的热情。例如，教师给小学生留简单重复性的抄写作业，学生就容易厌烦。相反，如果教师把一个生字抄写 5 遍的作业改换成“用这个字造 5 个词”，这个作业尽管比单纯抄写难，但因为它对学生具有挑战性，学生更喜欢去完成。

3. 将难度较大的任务进行分解。如果一个任务难度很大，教师要教会学生进行任务或目标分解。通过任务分解，原本看起来不可能完成的一项任务就可以变成学生“跳一跳够得着”的任务。比如，对于害怕写作文的学生，教师可以辅导学生把作文分解成段落，段落可以分解成句子。教师可以首先训练学生用一些清晰的、恰当的语句来描述某一物品或事件，然后将这些语句按照合理的逻辑连缀在一起就可以形成段落，最后将几个互相关联的段落按照逻辑关系排列起来就可以成为一篇文章。通过这样的任务分解训练，学生就掌握了写作文的步骤，他们对作文的畏难感就会减少，胜任感会增加。

四、充分调动学生的认知内驱力

第一节谈到，在学校情境中的成就动机包括三种内驱力成分，认知内驱力、自我提高的内驱力和附属的内驱力。其中认知内驱力是一种要求了解和理解的需要，要求掌握知识的需要，以及系统地阐述问题并解决问题的需要，它本质上是一种内部动机力量，是一种对学习来说最具有适应意义的动机。而自我提高的内驱力和附属的内驱力在调动个体成就行为的同时，都具有一些消极作用。过分强调自我提高的动机有可能会助长功利主义的倾向，使学生过多关注学习任务之外的利益和报偿，学习的内部动机会因此削弱。同样，过分强调附属的动机，会使儿童过分关注长者或权威的态度，如果长者或权威过于严厉，有过多批评，儿童的回避失败动机倾向就会发展起来。所以，在成就动机培养中，要更多地强调认知动机的培养和激发。奥苏贝尔认为，只有当学生在有意义的学习过程中，不断获得成功的经验，并进一步期望在随后的学习中获得更大满足的时候，认知内驱力就可能成为有意义学习情境中的一种最重要、最稳定的动机。

五、引导积极的归因方式

归因理论专家认为成就追求是以过去结果的原因解释为基础的，即先前的成功或失败，是归因于内部还是外部，稳定还是不稳定，可控还是不可控。成功期望与原因的稳定性相联系，并且原因分析之后会有情感反应的出现。因而，成就追求取决于成功的期望，以及与原因知觉相联系的情感，它们推动个体朝向目标或背离目标。所以，积极的归因方式对于提高健康的成就动机具有重要意义。同样，人际归因理论在成就领域中更多关注对他人行为的评价。那些不努力而失败的人会引起他人对行为者的愤怒，行为者得到的多是责备或惩罚，他们自身被认为应对失败负责任；而那些因能力等不可控制的原因导致失败的人，很容易引起他人的同情，这些行为者得到的是他人的帮助，因为他们不必为失败承担责任。

综合个体内归因理论和人际归因理论的研究，无论是面对成功还是面对失败，一种积极的归因方式有利于个体产生与动机相关联的积极的认知、情感和行为，而且有利于积极结果的出现。那么什么样的归因方式才算是积极的呢？或者说归因的引导方向是什么呢？以下是归因研究给出的建议。

积极的归因方式是指那些有利于动机激发、自信心培养和对后继行为产生积极影响的归因方式。需要特别指出的是，积极的归因方式并不一定就是寻找客观的、真实的原因。所以归因引导并不是帮助个体寻找客观的、真实的原因，而是探寻最有利于激发个体动机和自信心的归因。归因理论在大量实证研究基础上，发现努力归因和可控归因更具有积极意义。

（一）努力归因

努力归因是一种积极的归因方式，也就是说，无论是面对成功还是面对失败，个体都可以把原因归咎于努力。例如，当学生取得好分数或者学习有了进步时，学生可以对自己说“这是自己努力的结果”，教师和家长也可以由衷地对他说：“这是你努力的结果！”我们的文化一直很强调努力归因，而且有一些特别有价值的成语或格言。例如：“天道酬勤”、“有汗水就有收获”、“一分耕耘，一分收获”。

努力归因具有适应意义，通过努力归因可以使个体认识到自己的努力是影响其工作和学习成绩的主要因素，这有助于增强个体对活动任务的控制感，使他们意识到自己作为活动主体所负有的责任。李晓东、庞爱莲和林崇德（2003）在中小学生对教师及同伴价值信念的知觉及其对归因影响的研究中发现：结果无论是成功还是失败，中小学生都一致认为努力的学生会受到教师的喜爱和同伴的欢迎。

很多时候，人们也习惯用能力归因，但是能力归因常常会产生一些消极影响。比如，对成功者而言，能力归因容易让人沾沾自喜、骄傲自满；对失败者而言，能力归因会使人悲观失望、自暴自弃。而努力归因则会让人产生“胜不骄败不馁”的状态。

（二）可控归因

可控归因就是将成就结果归因于可以控制的因素，比如努力、认真程度、做事的态度、解决问题的方法策略、事前的准备等。例如，成功时的解释可以是“这次我们准备得很充分”或者是“这次的复习方法很有效”；如果失败了最好给出的理由是“努力不够”、“准备不充分”或者“做事的方法不当”。采用这些可控的归因方式可以保护学生的自信心和对成就任务的控制感，进而使学生在今后的成就任务中保持积极乐观的成就期待和自我期待。

特别需要强调的是，当个体失败的时候，采用可控归因的意义更加重要。如果学生认为自己失败的原因是某种不可控制的因素，就会因此陷入过度的悲观失望之中，不愿再付出努力，因为他们会认定自己所做的一切努力都于事无补。例如，如果一个人认为自己的失败是“命里注定”、“能力不足”或者“身体缺陷”等自己不可控的因素所致，灰心和颓丧便在所难免。

（三）分化的归因模式

努力归因和可控归因是归因引导中的一般原则，也就是说，无论是在成功还是失败的情境中，努力归因和可控归因都是适宜的。在这个基础上，还可以区别成功与失败的情境，采用不同的归因方式。

在成功的情境下，可以采用内在的、稳定的归因。例如，学生取得好成绩后，我们可以引导学生将成绩归因于自己基础好、能力强。但在失败之后最好采用外部的、可变的归因，如题太难、发挥失常等。这种分化的归因模式可以保证通过成功带来的自我肯定，激发学生对未来的信心和勇气；同时又可通过失败时的外在可变归因，保护学生的自尊和自信心，避免习得性无助的出现。

【建议参考资料】

1. 郭德俊. 动机心理学：理论与实践［M］. 北京：人民教育出版社，2005.

2. 皮特里，戈文. 动机心理学［M］. 郭本禹，译. 西安：陕西师范大学出版社，2005.

3. 斯莱文. 教育心理学：理论与实践［M］. 姚梅林，译. 7 版. 北京：人民邮电出版社，2004.

4. 陈琦，刘儒德. 当代教育心理学［M］. 2 版. 北京：北京师范大学出版社，2007.

5. 李晓东，庞爱莲，林崇德. 中小学生对教师及同伴价值信念的知觉及其对归因的影响［J］. 心理学探新，2003，23（4）：34－38.

6. WEINER B. Intrapersonal and interpersonal theories of motivation from an attributional perspective［J］. Educational Psychology Review，2000，12（1）：1－14.

7. 刘惠军. 当代学习动机的理论和应用研究进展［J］. 首都师范大学学报，2002（5）：112－117.

【问题与思考】

1．如何理解成就动机概念？

2．学校情境中有哪些成就动机类型？

3．请解释成就动机的理论模型。

4．积极的归因方式有哪些？

5．根据韦纳的成就归因理论，分析你自己在成功和失败情境中习惯的归因方式，评价其优劣。

第六章　自我认知的动机作用

【本章提要】

我是谁？谁是我？我能干什么？我的价值何在？这一系列问题都涉及自我。从2 000多年前阿波罗神庙的箴言“认识你自己”到100多年前美国心理学创始人物詹姆斯所言的“自我是个人心理宇宙的中心”，人们在认识和了解自我的过程中越来越意识到自我在维系个体生活、激发个体动机和指导个体行为中扮演着重要的角色。自我认知是一个人在社会化过程中逐步形成和发展起来的，关于自我及其与周围环境关系的多方面、多层次的认知和评价，是个体对自己所有的思想、情感、意志和态度的总和。个体的自我认知主要来自于物理世界、社会世界和内部（心理）世界，并且积极的自我认知有利于保持个体的内在一致性和行为一贯性，为个体提供自我认同感和统合感，影响个体的认知活动和期望水平，使个体的存在和发展富有意义和价值，而且在个体面临重要任务时，能够调节、维持有意义的行为。对自我认知在动机中的作用的探讨，代表性的理论有班杜拉的自我效能感理论和考温顿的自我价值理论。基于这两个理论，有许多不同的策略可以用来激发和维持个体的动机。

【学习重点】

1. 了解自我认知的来源和作用。
2. 掌握自我效能感和自我价值概念。
3. 理解能力的固定观和能力的增长观之间的区别。
4. 理解自我效能感理论和自我价值理论的内容及其应用。

【重要术语】

自我认知　主我　宾我　自我效能感　自我价值　社会比较　能力的增长观　能力的固定观

第一节　自我认知概论

一、自我认知的含义

东方文化中的典故“庄周梦蝶”讲到两千多年前的哲学家庄子，梦见自己变成了一只很生动逼真的蝴蝶。梦醒之后，他提出了一个问题，“不知是庄周梦中变成蝴蝶呢，还是蝴蝶梦见自己变成庄周呢?”无独有偶，西方文化中的“斯芬克斯之谜”讲到守候在忒拜城郊岩石上的人面狮身女妖斯芬克斯，设立了“什么动物早上四条腿走路，中午两条腿走路，晚上三条腿走路?”这一谜语，过路人凡是猜不出谜底的，都要被她吞食掉，这个可怕的谜语断送了许多无辜的生灵。“庄周梦蝶”和“斯芬克斯之谜”都在探讨让人一直迷惑至今的问题:“人是什么？我是谁？谁是我?”这个问题不光哲学家、文学家、艺术家感兴趣，心理学家也同样对之倍加关注。100年前的“美国心理学之父”詹姆斯曾说过，“自我是个人心理宇宙的中心”。这表明对自我的研究已经成为现代心理学的中心议题。心理活动的方方面面都与人的自我意识有密切关系，如果没有对自我的透彻把握，我们就不可能对人类行为有全面和深刻的理解。

自我是人与社会、人与人、人与物质世界相互作用过程中的起点，它独一无二地代表着个体的存在。在西方心理学领域，“自我”对应着两个英文单词:“ego”和“self”。“ego”是精神分析理论的核心概念之一。精神分析学派创始人弗洛伊德认为，“ego”是从本我中分化出来的，由一系列协调本我无理需要和超我坚决不妥协之间关系的心理过程（如思维、记忆、推理）所构成。它遵循“现实原则”，指导个人如何适应社会生活，对个人的行为有支配及控制作用。因而有些人把“ego”称为“行动主宰者”。“self”指个体的反省意识或自我意识。

综合西方心理学对自我的研究，大致可以将其分成两类：主我（把自我作为“行动的主宰者”）和宾我（把自我作为“知觉对象”）。想一想句子“我看到小米”。包含在其中的自我所使用的是第一人称我，是我在看。这里只涉及主我。然而，另外一个句子“我看到自己”，其中自我就以两种方式出现，一方面我仍然在看，另一方面我看到的事物是自己。这就涉及主我和宾我。根据詹姆斯的观点，主我是指自我中积极地知觉、思考的部分，而宾我是指自我中被注意、思考或知觉的客体。它是人们对于他们是谁以及他们是什么样的人的想法。例如，“我想我很漂亮”和“我想我很勤奋”。心理学中有大量的术语可以用来描述这类信念，如自我认知、自我概念、自我看法、自我意象、自我意识和自我觉察等。对我们而言，这些术语是可以互换的，它们都是人们对于他们是谁或他们是什么样的人的想法。除了对他们自己的看法，人们也有对他们自己的情感，例如“我喜欢我自己”或者“我觉得自己是个有价值的人”。这就涉及宾我的另一个层面，自尊（个体感觉自己的特定方式）。与自尊相似的术语还有自我价值、自我认可、自我敬重、自我敬畏和自我接纳等。尽管主我和宾我是自我的两个重要方面，就像一个硬币的两面一样，但是心理学家更加关注宾我的性质。从詹姆斯到米德，从罗杰斯到格根都是在宾我的意义上讨论自我的。他们把研究重点放在人们如何思考和感觉他们自己，以及这些想法和感觉如何塑造和影响心理的其他方面之上。

对于自我认知的内涵，国内外学者有着不尽相同的理解。詹姆斯将自我认知分成三类：物质自我、社会自我和精神自我。物质自我指的是真实的物体、人或地点。物质自我还可以分成躯体自我和躯体外自我（延伸的自我），前者如我的长相、身材，后者如我的孩子或房子等。社会自我是指我们被他人如何看待和承认，如小华是个中国人、是个民主主义者、是个工人、是个酒鬼、是两个孩子的父亲等。精神自我是我们的内部自我或我们的心理自我，它是由除物质自我和社会自我以外的被我们称为我的任何东西所构成的，如我们所感知到的能力、态度、情绪、兴趣、特质以及愿望等。哈蒂认为自我认知是关于自我各种特征的认知评估。伯恩斯认为自我认知是指一个人对自我的总体看法，它是由信念、评价和行动倾向组成的。罗森伯格认为自我认知是个体对自我客体所具有的所有思想和情感的总和。谢夫尔逊认为自我认知是个体对自身的知觉，这种知觉来自个体的经验以及对环境的认识，它们受外界重要人物（如父母、教师等）的评价、强化以及个体对自身行为的归因风格的影响。比尔恩认为自我认知是关于自己的特长、能力、外表和社会接受性方面的态度、情感和知识的自我知觉，即个体把自己当成像其他事物一样的客观对象所形成的知觉。而我国的黄希庭认为自我认知是个人对自己多方面觉知的总和，包括个人对自己的性格、能力、意趣的了解，个人与他人和环境的关系，以及对个人现实生活的评价等。乐国安认为自我认知是个体通过自我观察、分析外部活动及情境、社会比较等多种途径获得的对于自己的生理状况、心理特征和社会属性等多方面的比较稳定的认识和看法。

综合以上国内外研究者对于自我认知的不同表述，可以发现自我认知是一个人在社会化过程中逐步形成和发展起来的，关于自我及其与周围环境关系的多方面、多层次的认知和评价，是个体对自己所有的思想、情感、意志和态度的总和。

二、自我认知的来源

西方的塞万提斯曾说过：把认识自己作为自己的任务，这是世界上最困难的课程。而且东方的老子也说过：知人者智，自知者明。从中可以看出想要准确认识和了解自我是非常困难的，但同时也是非常有价值的。那么，我们应该如何来认识自己呢？一般来说，主要有三种信息来源：物理世界、社会世界和内部心理世界。

（一）物理世界

物理世界为个体了解自身提供了重要的信息。例如，你想知道自己有多重，你可以对自己的体重进行测量；你想了解自己有多高，你可以对自己的身高进行测量；你想知道自己的臂力有多大，你可以通过臂力器来测量。通过借助物理世界所提供的信息，我们可以获得对自己某些特性的了解。但是它也有一定的局限性。首先，个体的许多心理特性是看不见摸不着的（如聪明、善良等），很难借助物理世界的信息来测量，如我们不能简单地用一把尺子来测量一个人有多聪明。其次，仅有物理世界提供的信息，还不能对自我的特性作出准确的判断。如知道某个个体的身高并不能告诉该个体到底是高还是矮，因为还需要知道其他人有多高，以及该个体和其他人比起来是高还是矮。同样，个体的财富水平也是一样，在确定自己是富有还是贫穷时，应该先了解其他人的收入水平。

（二）社会世界

自我认知在很多时候还依赖于社会世界。其中两种社会机制起到了重要的作用。一种是社会比较，即通过将自己的特征与他人进行比较，可以由此得到关于自己特点的线索。如你数学期末考试考了 85 分，为了了解你的数学成绩是优秀还是一般，你必须知道全班其他同学的成绩是多少。由于选择对比的对象不同，所导致的结果也会产生一定的差异。如向上比较（跟比自己强的人相比），个体的自我认知就要差些；相反，如果向下比较（跟比自己差的人相比），个体的自我认知就要好些。因此，为了获得更加准确的自我认知，个体常常跟与自己相似的人进行比较（如相同性别、相同年龄的个体）。另一种是反射性评价，即通过观察其他人对自己的反应来获得自我认知。例如，想判断自己是否具有幽默细胞，可以当众讲一个笑话，看是否有人发笑并且是否大多数人都笑得合不拢嘴。还有父母经常表扬孩子，久而久之小孩就会把父母的积极反馈纳入自己的自我认知中去，从而认为自己是个好孩子，更加自信。

（三）内部心理世界

自我认知是个体对自己所有的思想、情感、意志和态度的总和。因此，个人化的过程也影响着人们的自我认知。这里面包括三种过程。首先是内省，是指个体向内部寻求答案，直接考虑我们的态度、情感和动机。正如曾子所言，吾日三省吾身。通过自我反省，可以加深对自我的认知。例如，判断自己是否是个外向的人，就可以问自己是否喜欢认识陌生人，是否喜欢独处，是否享受社交聚会等。如果个体无法忍受独处，见到陌生人一点都不胆怯反而很兴奋，并且非常享受在聚会上成为大家关注的焦点，那么我们就可以得出该个体是个外向的人的结论。其次，我们可以通过自我知觉的过程，即通过分析事情所发生的背景来认识自我。例如，你问我是否喜欢打篮球。要回答这个问题，我可能会想到每周都会去打几次篮球，甚至有时候下小雨的时候也会在室外打篮球。因此，我的回答是“我喜欢打篮球”。因为没有人逼我去打篮球，这完全是出于喜欢。与内省不同的是，通过自我知觉过程所得到的结论也可能通过外部观察者的观察来获得。最后是因果归因，即我们对自己行为的解释影响到我们对自己的认知。例如，一次数学考试考砸了，如果个体解释成考试题目太偏太难，个体仍然会认为自己的数学能力较强。相反，如果个体解释成自己的数学能力太差，个体就会认为自己不擅长数学。

三、自我认知的作用

人是一切社会关系的总和。在社会生活和实践过程中，我们总是与外界频繁互动，与之发生这样或那样的关系。蓬生麻中，不扶自直；白沙在涅，与之俱黑。因此，外界环境对个体的心理和行为具有重要的影响。个体与社会的每一次接触，都会对个体产生影响。尤其是某些重要他人（如父母、长辈、朋友、同学和教师等）对个体的影响格外突出。然而，一旦个体的自我认知产生了，就会积极发挥作用。它不仅能够保持个体内在一致性和行为一贯性，为个体提供自我认同感和统合感，影响个体的认知活动和期望水平，使个体的存在和发展富有意义和价值，而且在个体面临重要任务时，能够调节、维持有意义的行为。

（一）保持内在一致性和行为一贯性

在现实生活中，我们总是对自我或周围的其他事物产生许多想法、感受或认识，如果这些想法、感受或认识之间不一致，彼此矛盾，那么，我们就会感到不舒服。正如人本主义心理学家罗杰斯所认为的那样，当个体的自我与经验不一致，理想自我和现实自我存在很大差距时，个体就容易出现心理问题。例如，一个自认为才华横溢的人，他的作品却得到了业内专家的差评，可想而知其内心必然会产生矛盾。这时，自我认知就有促使这些矛盾的内部观念达到协调一致的功能。个体有可能放弃原来的自我观念，也有可能否认专家的评价，个体的自我认知就决定了个体究竟选择何种方式来达到内心的平衡。

自我认知还具有引导个体行为保持前后一贯的功能。个体之所以在不同的情况下总能保持其行为的一贯性，其原因在于自我认知在其中发挥了关键性作用。例如，对学习不良儿童的自我认知的研究证明，他们之所以成绩差，恰恰是因为他们拥有消极的学业自我认知。因此，个体觉得学习成绩的好坏和自己努力程度无关，即使自己学习再刻苦努力，也无法避免失败的结局。因此，他们往往课前不认真预习功课，课上不认真听讲，课后不认真复习功课，在学业上自我放逐。同样，对有品行问题（如偷窃、撒谎等）的学生的研究也证明，其道德自我认知直接与其行为的自律特征有关，当该个体认为自己品德不良（是坏孩子）时，他也就放松了对行为的自我约束，纵容自己去做一些不当的行为。

（二）为个体提供自我认同感和统合感

世界上没有两片完全相同的叶子。每个人都是一个独特的个体。正因为我们具有自我认知，所以才会产生自我认同感。我们不会随着时间的流逝和空间的变换而不认识自己。即使一觉醒来，或者身在美国，我们都知道“张山”还是那个“张山”。同样，我们的自我认知使我们的心理具有统一性。它能够将我们的思维和知觉统合起来，而不是片段地感知。正是我们的统合感将各种不同的体验结合在一起，从而把我们和其他人或其他事物区别开来。

（三）影响个体的认知活动

自我认知影响着人们对信息的加工和解释。例如，人们尤其倾向于注意与他们所想的相一致的信息，并能够对之进行快速而有效的加工。例如，即使在嘈杂的环境中，个体也常常能够听到别人呼唤他的名字，而可能听不到其他的声音。此外，人们也表现出更善于记忆与他们有关的信息的特点，尤其是那些与他们思考自己时相似的信息。例如，记忆一系列描述人格特质的形容词，对“符合自己特点的人格形容词”的记忆成绩往往好于“不符合自己特点的人格形容词”的成绩。因此，自我认知就像一个过滤器或一副有色眼镜，能够对进入个体内心世界的每一种信息进行过滤或染色。一方面，一个新的想法看起来和个体的自我认知相一致，它就会很快被接受和吸收。另一方面，如果它与个体的自我认知不一致，它就会面临被抵制。此外，当这些信息被过滤或染色后，也就被赋予了新意义。如当个体具有消极的自我认知（如自卑）时，每一种经验都会与消极的自我评价联系到一起；而如果当个体具有积极的自我认知（如自信）时，则每一种经验都可能被赋予积极的含义。正如同样的半杯水，自卑的人也许会说“真惨，只剩下半杯水了”；而自信的人可能会说“真好，还有半杯水”。

（四）影响个体的期望水平

自我认知还影响到个体对未来事情的期待。一个自信的人往往对成功充满期望，而一个自卑的人往往裹足不前，不敢有梦想。这是因为，个体对于自己的期望是建立在自我认知的基础上，并与自我认知相一致，且其后的行为也受自我认知的影响。有关儿童自我认知的研究发现，差生的成绩落后并不是独立存在的，这与其消极的自我认知和消极的自我期望密不可分。正是由于消极的自我认知，才产生了消极的自我期望，进而导致较差的成绩。由于自我认知引发与其性质相一致的期望，并使人们倾向于选择可以使该期望得以实现的行为，因而自我认知具有预言自我实现的作用。例如，一个对自己的社交能力持负面态度的学生，常常对自己的期望是“人际关系差，不受同学欢迎”。因此他会有意识或者无意识地去搜寻相关的行为来印证自己的期望，如“小东不跟他玩，小花嘲笑他走路姿势难看”等。结果，他更加自闭，更加孤立，更加不会与人交往。

（五）指引和激励个体的行为

自我认知还对行为具有指引和激励的作用。首先，人们所表现的行为以及他们所选择的生活方式受他们的自我认知的影响。例如，认为自己有艺术才能的个体会追求自己的艺术梦想，认为自己很时尚的个体会穿最时髦的服饰，认为自己很勇敢的个体会从事较多的探险活动。其次，由于人们具有可以计划自己的特性，所以他们可以努力使自己成为特定的一个人。例如，拿破仑为了成为一名统帅，不断学习军事知识并丰富自己的作战经验。某个学生为了成为一名科学家，会刻苦攻读、孜孜不倦地探索科学难题，勇于去攻破科学难关。如果这个学生没有自我认知，那么他就不可能有“我要成为一名科学家”的概念。

从1890年詹姆斯把自我认知引入美国心理学到行为主义的兴起，人们对自我的兴趣逐渐减弱，直到认知革命取代了行为主义而成为心理学的主导势力，自我认知的研究才重新得到了心理学家的青睐。有关自我认知的研究为理解动机和运用动机激发并维持行为提供了一种新的视角，其中富有成果的理论有自我效能感理论和自我价值理论。

第二节　自我认知理论

人类所有的行为都是在自我系统的作用下产生的，同时又受到外界环境和内在情绪的影响。自我系统产生行为主要是通过生成自我评价的结果以及由此而产生的认知目标和情感能量作用于动机变量而实现的。并且在自我评价的范畴内，能力的自我评价尤其重要。例如，当代的动机研究表明，对自我能力评价的低自我效能感和由于自我能力不足所导致的低自我价值感会严重地削弱动机。进一步对这两者进行详细阐述的理论有自我效能感理论和自我价值理论。

一、自我效能感理论

自我效能感理论的创立者是美国著名的心理学家班杜拉（A. Bandura，1925—　）。班杜拉出生于加拿大北部阿尔伯达省的蒙台尔镇，先后获得温哥华英属哥伦比亚大学心理学学士学位、美国衣阿华大学心理学硕士学位和博士学位。自1964年后他一直担任斯坦福大学心理学教授。他提出了闻名于世的社会学习理论，强调社会认知和行为形成中人与环境的交互作用。他的理论源于行为主义但又超越了行为主义，在当代心理学独树一帜，对实验心理学、社会心理学、临床心理治疗以及教育、管理、大众传播等社会生活领域均有影响。

班杜拉（A. Bandura）

自我效能感理论是班杜拉在其社会学习理论的基础上所提出的一种动机理论。1977年，班杜拉首次提出了自我效能感这一概念；1980年，他在荣获美国心理学杰出科学家贡献奖的大会上对自我效能感理论进行了更透彻的阐述。1986年，班杜拉出版了《思想和行动的社会基础》一书，对自我效能感机制进行了更加系统全面的论述。自从该概念提出之后，就引起了人们广泛的重视和研究。近年来，班杜拉把自我效能感作为人类动机过程的一种重要的中介认知因素看待，并用它来解释人类复杂的动机行为，为人们进一步认识动机过程中自我认知的作用作出了重要贡献。

（一）自我效能感的含义

当一个人遇到挑战性的任务时，如果他问自己：我能做吗？或者是问：我有足够的能力胜任这项任务吗？其实这个人就是在探究一种自我效能感。根据班杜拉的观点，自我效能感是人们对自身完成既定行为目标所需的行动过程的组织和执行能力的判断。虽然它与个体所拥有的技能无关，但是与个体对所拥有的能力能干什么的判断有关系。例如，具有相同数学能力的两个人，可能对自己数学能力的判断就大不相同。与斯金纳不同，班杜拉认为强化不是提高行为发生概率的直接原因，而是引导个体认识到行为和强化之间存在依存关系并产生对下一步强化的期待。他认为期待才是行为的决定因素，并进一步将期待分成结果期待和效能期待。结果期待是指人对自己的某种行为会导致某种结果（强化）的个人预测。如果个体预测某一特定行为将会导致特定的结果（强化），那么这一行为就可能被激活和得到选择。例如，乒乓球选手认识到自己认真训练会获得所希望的好名次，他就可能在平时训练中更刻苦。效能期待是指个人对自己能否顺利地进行某种行为以产生一定结果的预期，是对自己行为能力的主观推断。当个体确信自己有能力进行某一活动时，他就会产生高度的自我效能感，并会去从事那一活动。因此，当结果期待和效能期待都积极的时候，个体更有可能从事该活动。例如，乒乓球选手认识到自己认真训练能取得好名次，并且相信自己有能力领会教练的指示并做出规范的动作，那么他才会更加认真地训练。

班杜拉在其理论中非常强调自我效能感，即效能期待对个体行为的调节作用。这是因为自我效能感将影响行为的结果因素转化为先行因素，对行为起关键性作用。例如，个体虽然认识到强化物的重要性（如好的名次），但如果感到自己所期待的名次可望而不可即时，个体也会望而却步。许多的研究表明自我效能感对个体的动机、成就和自我调节起重要的作用。例如，在教育领域，自我效能感影响到学生任务的选择、努力程度和坚持性。与低学业自我效能感的学生相比，高自我效能感的学生更爱学习、学习更刻苦、坚持时间更长、学习兴趣更浓并且成绩更好。

（二）自我效能感的特征维度

班杜拉认为，由于不同活动领域之间的差异性，所需要的能力、技能也千差万别。因此一个人在不同的领域中，其自我效能感是不同的。例如，某个学生的数学自我效能感很高，但可能他的英语自我效能感很低。为了更加准确地对个体的行为进行预测，除了评估其一般自我效能感外，还需要评估其在特定任务领域中的自我效能感。例如，在教育领域中，就有数学自我效能感、语文自我效能感和计算机自我效能感等。

此外，我们可以从水平、强度和延展性三个特征维度来进一步分解自我效能感：1．自我效能感在水平上的变化，是指个体认为自己所能完成的、指向特定目标行为的难易程度。这一维度上的差别将导致不同个体选择不同难度的任务。例如，高水平自我效能感的个体选择具有现实挑战性的任务，而低水平自我效能感的个体常常选择较容易的任务。2．自我效能感在强度上的变化，是指一个人对自己实现特定目标行为的确信程度。自我效能感越强烈，个体付出的努力会越多，持续的时间会越长。在面临困境时，弱自我效能感的个体容易否定自己，降低努力程度甚至选择放弃；而强自我效能感的个体不会因为一时的失败而导致自我怀疑，会付出更大的努力去征服困难并相信自己有能力取得最后的胜利。3．自我效能感的延展性（或广度），是指在某个领域内自我效能感的强弱，会在多大程度上影响到其他相近或不同领域中的自我效能感。有些个体只在很狭窄的领域内觉得自己是高效能的，如专家只觉得在自己的领域内有较高的造诣而对其他领域不甚了解；而另外一些个体则觉得自己在很广泛的活动及情境中都具有良好的自我效能感，如公共知识分子，觉得自己懂得很多，对许多领域的事情都能发表评论。

（三）影响自我效能感形成的因素

班杜拉对自我效能感的形成条件及其对行为的影响进行了大量的研究，发现自我效能感的形成主要依赖于以下四种信息源的影响。

1．行为的成败经验

因为个体亲身获得的成败经验是最直接经验，所以它对自我效能感的形成影响最大。成功的经验会提高个体的自我效能感，使其对自己的能力充满信心。相反，反复的失败会降低个体的自我效能感，降低个体对自身能力的评估，使人失去信心，尤其表现在失败行为过早地出现，并且没有任何迹象表明努力不足或者存在不利的环境因素时。新的成败经验需要经过自我知觉的整合才能发挥作用。例如，对于反复体验成功而具有较强自我效能感的个体，偶尔的失败对其能力的评价不会产生太大的影响。因为他更可能将失败归因于环境的因素或者努力不够。此外，任务的难度、个人的努力程度、社会支持的多寡，也会影响自我效能感的形成。如果任务难，社会支持少且自身努力不够，这种条件下的成功会增强自我效能感，而失败了对自我效能感的负面影响也不大。反之，如果任务简单，社会支持多，自己又费了大力气，即使成功也不会增强自我效能感，但若失败了则会大大降低自我效能感。个体的关注点也会影响到自我效能感。如果个体注意到行为中的积极方面，会起到提高自我效能感的作用；相反，如果个体过分注意自己行为的消极方面，常常会降低自我效能感。

2．替代性经验

他山之石，可以攻玉。同样，个体的自我成败经验并不是个体自我能力判断的唯一信息源，个体还可以通过观察他人的行为对其自我效能感进行评估。这种通过观察榜样行为而获得的替代性经验，对自我效能感的形成有较大的影响。尤其是当个体对自己的能力不确定和评价能力的标准较复杂时，替代性经验对个体自我效能感判断的作用更大。通过看或者想象其他与自己相似的人的成败经验，可以使个体提高对其自我效能感的觉知。例如，当个体看到或者想象与自己水平差不多的榜样获得成功时，就能够提高其自我效能感，增强其自信心，并确信自己同样有能力完成相似的活动。相反，当看到或想象一个与自己能力差不多的榜样，虽然付出了巨大的努力，但仍遭受失败时，个体就会降低自我效能感，认为自己也没有成功的可能性，进而不会去尝试该活动。

3. 言语说服

言语说服也常常被用来试图说服个体相信自己有能力获得所期望的东西。具体包括他人的暗示、说服性告诫、建议、劝告以及自我规劝。因为言语说服具有自身的局限性（如与自身经验联系不大、带有说教的性质），所以其对自我效能感的影响不是很大。并且经由言语说服形成的自我效能感不稳定，容易在面临困境时消失。但是，负面的言语说服（如让某人相信自己无能）效果持久，能使被说服者回避具有挑战性的任务，降低努力水平并导致失败。此外，言语说服的效果还依赖于劝说者的声望、地位、专长及劝说的内容的可信度，如不切实际地夸大被说服者的能力往往效果不好。

4. 情绪和生理状态

在充满紧张、危险或高负荷的环境里，情绪容易唤起，高度的情绪唤起和紧张的生理状态会降低行为表现。因此，人们部分地依赖来自生理状态方面的信息来评价自己的能力。这里面包括自动唤醒的情绪反应指标（如焦虑、紧张等），在一些涉及力量和耐力的活动中，还包括疲乏、喘息、疼痛、辛劳等指标。他们会认为在痛苦或筋疲力尽的情境中，身体的唤醒水平是自己无法应对机能不良的普遍信号。因此，高焦虑水平的个体往往低估自己的能力，感到难以胜任所承担的任务，并导致恶性循环的后果。而对高情绪唤醒水平（如高焦虑或恐惧）个体的心理干预，可以提高其自我效能感，进而改善其行为表现。

二、自我价值理论

为什么随着年级的增高，学生的学习动机反而降低了？为什么有些学生宁愿确立自己无法完成的过高目标或者极易完成的过低目标，也不愿意选择切合实际的中等目标？为什么有些学生在完成任务时故意拖延？为了有效地回答这一系列问题，美国教育心理学家考温顿在成就动机与归因理论的基础上提出了自我价值理论。但是与以往的动机理论不同的是，该理论从学习动机的消极方面入手，从而对许多教育现象作出了独到的解释，并为激发学生的学习动机提供了新的视角。

（一）学习动机的核心是保护自我价值

自我价值是指个体对自身重要性价值的主观感受，反映了一个人对自己的悦纳程度。与个体对自己能力的知觉或自我效能感不同的是，自我价值不是对自我的认知评价或信念，而多是对自我的情感反应，如为自己的行为和业绩喝彩、觉得自己很棒、具有积极的自我形象等。此外，自我价值是弥散性的，与对从事某一特定任务或某一特定领域的个人能力的特定评价不同，自我价值很少是对自我的特定反应。例如，假如乒乓球对小王不重要，那么小王觉得自己不擅长打乒乓球（乒乓球能力的低自我知觉）对于小王总的积极或消极的自我价值没有必然的影响。并且哈特认为在整个生命历程中自我价值可能和许多不同的领域有着不同的关系。

考温顿认为人天生具有自我价值保护的倾向，自我价值的需要是所有个体都具有的一种基本需要。因此在教育情境中，学生学习动机的一个重要方面便是保护自我价值。由于在我们的社会中，成功人士容易得到社会的认可和仰慕。因此我们很早就意识到成功能提高自我价值。而要获得成功就必须具备较高的能力。因此，个体的自我价值往往等同于他的能力，有能力就意味着有价值。而失败则常常是缺乏能力的表现，会严重威胁到自我价值。因此在教育领域中，学生也认为能力高于一切。他们更愿意用高能力来解释自己学习上的成功，因为高能力有利于提升他们的自我价值。而对于学习上的失败，他们则更愿意用努力不足来解释，因为由努力不足而导致的失败并不意味着他们能力不足，从而有利于维护积极的自我价值。对他们而言，努力虽然会得到教师的表扬，但高努力同时意味着低能力。如果个体付出了很大的努力但仍然失败，个体就不但会感到羞愧痛苦，而且还可能会因为自己的能力不如别人而威胁到自我价值。相反，如果个体未经努力而遭受失败，其所受的打击就相对较轻，并且还可以用“不曾努力”的文饰作用来安慰自己。因此许多学生在学习中不愿意付出努力，根本原因还是为了维护自我价值。

（二）学生的能力观和竞争的教育环境是造成自我价值保护的主要原因

持能力固定观的学生认为能力是天生的，有的人天生就比别人有能力，没有什么手段可以提高自己的能力。而持能力增长观的学生认为能力能够通过培训和努力得到提高。前者更注重取得好成绩，倾向于消极评价自己的能力和表现，将自己不够聪明作为无法成功的借口；并且还倾向于避免得到消极的反馈，容易躲避挑战。相反，后者更注重对知识的掌握，会把批评性的反馈看做是自己需要更加努力改善缺陷的信号；这类学生失败之后会更加勤奋，他们积极寻求挑战，以便不断增加经验。

考温顿认为，逃避失败、不愿付出努力与学生所持有的能力观的变化有关。研究表明，随着年级的增高，越来越多的学生由能力的增长观慢慢向能力的固定观转变，这也是高年级的学生努力程度不断降低的原因。例如，在小学早期与中期阶段，学生持能力的增长观，认为努力是成功的最主要原因，聪明的学生更努力，努力会让自己变得更聪明。进入小学高年级以后，学生开始把能力与努力区分开来，认为两者是相互独立的因素。10—12 岁的学生开始持能力的固定观，更加认同能力而不是努力，认为高能力的人便可以少付出一些努力。进入中学阶段以后，学生的能力概念逐渐与具体学科（如英文和数学等）的学业成绩联系在一起，其能力观变得更加消极，努力与能力的关系变成了一种倒置关系，高努力变成了低能力的标志。

考温顿指出，充满竞争的教育环境是造成学生逃避失败的另一个重要原因。由于学校环境充满竞争性，奖励只能被少数人获得，而且只有具备非凡能力的学生才能得到，这实际上又把学习活动从学习竞赛变成了一种能力竞赛。这导致的结果是只有一小部分人成功，而很多学生是失败的，且一些真正渴望得到奖励的学生很少有机会得到奖励。因此许多学生无法获得成功但又不愿接受由于失败而带来的低能感的打击，使得逃避失败（或失败所蕴含的低能力）成为他们学习的主要动力，进而使他们丧失学习的内在兴趣。

（三）学生逃避失败、保护自我价值的策略

考温顿发现，为了逃避失败，学生所采取的自我价值保护策略主要有以下几种：1. 假努力策略，即为了避免由于不努力而受到教师的批评，学生选择假努力，只付出一定的努力，但又不能付出太多的努力，以免失败后给自己带来低能力的打击，比如在课堂上假装认真听讲和记笔记等。2. 自我妨碍行为，即提前为自己的失败找借口，如设置不切实际的高目标。这样可以将失败归因于任务的难度而不是能力的缺乏，让自己“光荣地失败”。又如故意拖延或放弃学习，这样即使失败了也可以为自己找一个好的理由：“因为我比其他人学的时间少，所以失败了并不是因为我能力比别人差。”再比如，学业文饰也是一种常见的自我妨碍行为，即通过向众人显示自己小的缺点来掩盖自己更大的缺点。如在考试前感冒，这样糟糕的成绩就可以归因于身体健康问题，从而可以避免别人对自己低能力的评价。3. 保证成功的策略。比如，选择比较简单的、容易达成的任务，这样便可以确保成功，而不会对自身能力构成威胁。再比如过度努力，由于付出了过多的努力，成功自然可以归因于努力，而个体的真正能力水平不清楚，从而可以避免对能力的评价。考温顿和其同事的研究证明大学生报告当他们把失败归因于努力不够（这与能力无关）而且还能说出不努力的借口时，他们一点也不感觉害羞。相反，大学生们报告在他们付出了很大的努力却依然失败时（这意味着能力低）感觉最害羞。从短期的角度来看，以上这些自我价值保护策略可以减轻个体的焦虑和羞耻感。但是从长远的角度来看，这些策略实际上都妨碍了真正的学习，最终还是将导致个体的失败。

第三节 如何运用自我信念激发并维持动机

学生对自己的感觉（自我效能感和自我价值）会影响到他们在学习活动中愿意付出多少精力。在教育情境中，我们经常会遇到一些缺乏自信、贬低自己能力的学生。他们缺乏合理的自我意识，不太了解自己，并且不太懂得如何去应付自己的学业。这些对自己的负面感觉常常也反映在他们缺乏动机的行为中，如学习不努力、不能很好地计划事情或管理时间、没有正确的学习目标等。研究表明，奖励特点、归因特点、评价标准和任务的设置都与自我信念的提高或降低有关。因此，为了提升个体的自我信念，进而激发并维持个体的动机，可以采用相应的策略。例如，在奖励的运用上，确保所有个体都有获得奖励的平等机会，强调奖励的信息功能而不是控制功能。在评价方面，对于成功者淡化外在因素的评价。尤其是对挑战性的任务，提供基于掌握和个人进步而不是社会比较的评价。在任务设置上，给予难度适中（只要付出努力就能成功）的任务，将有难度的任务分解成不需要过度努力就能够完成的子目标。除了以上策略外，还可以采用如下策略，以进一步提高个体的自我信念，激发并维持个体动机。

一、给予个体温暖、支持的环境

有些个体会质疑自己在某些活动中取得成功的能力。在帮助学生或孩子建立良好的自我效能感和自我价值的过程中，教师和家长都要好好反思为什么他们会出现负面的想法。是不是自己经常给他们压力？是不是自己经常批评他们？是不是自己经常忽视他们？因为孩子和学生在建立自我认知的过程中，社会世界中的重要他人（尤其是教师和父母）所提供的信息具有重要的影响。如果教师或父母在平时教育学生或孩子的时候，给予他们一个充满温暖和支持的环境，如多些关怀、多些鼓励和多些表扬，那么他们就容易形成一个积极的自我效能感，且拥有更多的积极自我形象。

仔细体会《学习的革命》的作者德莱顿和沃斯在他们的书中引述的这样一段话，教师或家长或许会在教育学生或孩子方面得到重要的启示："如果一个孩子生活在批评之中，他就学会了谴责；如果一个孩子生活在敌意之中，他就学会了争斗；如果一个孩子生活在恐惧之中，他就学会了忧虑；如果一个孩子生活在怜悯之中，他就学会了自责；如果一个孩子生活在讽刺之中，他就学会了嫉妒；如果一个孩子生活在耻辱之中，他就学会了负罪感；如果一个孩子生活在鼓励之中，他就学会了自信；如果一个孩子生活在忍耐之中，他就学会了耐心；如果一个孩子生活在表扬之中，他就学会了感激；如果一个孩子生活在接受之中，他就学会了爱；如果一个孩子生活在承认之中，他就学会了要有一个目标；如果一个孩子生活在分享之中，他就学会了慷慨；如果一个孩子生活在诚实和正直之中，他就学会了什么是真理和公正；如果一个孩子生活在安全之中，他就学会了相信自己和周围的人；如果一个孩子生活在友爱之中，他就学会了这世界是生活的好地方；如果一个孩子生活在真诚之中，他就会头脑平静地生活。”

二、丰富个体的成功体验

成功体验是个体完成某项学习或活动任务后产生的一种自我满足的积极愉快的情绪状态。通过成功体验，个体能够获得积极的自我信念，增强其从事相关活动的效能预期，摆脱“我不能做”的症状，在活动中能够付出更多的努力，从而可以逐渐提高自己的自我效能感，进一步挖掘自己身上的潜能。具体而言，成功体验有下面三种功能：1. 可产生愉快的情绪体验，促使个体身心与客观环境保持平衡或增进健康；2. 认识到自己的力量和能力，从而增进信心，提高动机水平；3. 为以后学习新知识、解决新问题提供经验。

知识链接：成功体验的意义

心理学家做过这样的实验：将两只大白鼠放进一个装有水的容器中，发现它们在水中挣扎了大约 8 分钟的时间就慢慢停止，最后完全放弃了。但是，假如在大白鼠挣扎 5 分钟时放入一块木板，让它们借助木板爬上来，等若干天之后再将这两只大难不死的大白鼠放进同样的容器中，令人惊讶的事情发生了：它们竟然挣扎了 24 分钟，比没有获救经历的大白鼠多了 16 分钟。

成功体验使个体获得积极情绪，增强信心，更有能力去面对困境。

成功体验无处不在

每个人都渴望成功，对孩子来说，成功就表现在他身边的每一件事情上。

- 一个 3 岁的幼儿将一堆积木搭成了“高楼大厦”，他愉快地拍手笑着，请大人来欣赏自己的杰作，他体验到了成功。
- 一个小学生自己动脑筋解出了一道数学难题，他长舒了一口气，露出满意的微笑，他体验到了成功。
- 一个少年看到一位老人在过马路，他主动帮助老人，他听到了“真是个好孩子，谢谢你”，他也体验到了成功……

家长或教师应该怎么做

生活是立体的，家长或教师可以从多方面让孩子获得成功体验。

- 表扬孩子学习刻苦、成绩好。
- 表扬孩子说话很流利、很生动、很幽默。
- 表扬孩子热爱锻炼、身体健康。
- 表扬孩子上台的时候很大方、很有自信。

- 表扬孩子会理财、会花钱。
- 表扬孩子善于组织、善于策划。
- 表扬孩子善于理解别人、很有同理心。

三、培养个体的自主能力

有这样一个故事：沙漠中的狐狸养了一窝小狐狸，小狐狸长到能独自捕食的时候，母狐狸把它们统统赶了出去。小狐狸恋家，不走，母狐狸就又咬又追，毫不留情。小狐狸中有一只是瞎眼的，但是妈妈也没有给它特殊的照顾，照样把它赶得远远的，因为妈妈知道，没有谁能养它一辈子。小狐狸们从这一天开始长大了，那只瞎了眼睛的小狐狸也最终学会靠嗅觉来觅食。这个故事的寓意是，为了更好地生存，个体需要学会自立，为自己的行为负责。然而，在现实生活中，由于当前的社会物质生活水平显著提高了，很多家长对自己的孩子有求必应，过于保护，凡事包办。这样导致的结果是孩子永远长不大，不能形成积极的自我信念。心理学上的一个经典实验也发现：在一家疗养院，自我负责、自己进行选择的病人（如决定房间的设施布置、选择自己喜欢的礼物、选择何时看电影）比包办的病人（如他人帮忙布置房间、选择礼物和选择何时看电影）更快乐、生活更积极、康复效果更好。因此，在日常生活和学习过程中，教师或家长应该多培养学生或孩子的自主能力，如让他们有机会决定活动的种类、知识掌握的程度、活动时间、考核的方式（可包括自我考核）、奖赏的类别，以及同伴参与的小组活动模式等。通过这些措施让个体建立自主性和培养判断力，从而使他们相信自己能调控自己的生活。这有利于提升他们的自我效能感，增强其自我价值。

四、利用好模范生的榜样作用

班杜拉曾就儿童攻击性行为的习得做过一个经典的实验：让 4 岁儿童单独观看一部电影。在电影中一个成年男子对充气娃娃表现出踢、打等攻击行为，影片有三种结尾。将孩子分为三组，分别看到的是结尾不同的影片。奖励攻击组的儿童看到的是在影片结尾时，进来一个成人对主人公进行表扬和奖励。惩罚攻击组的儿童看到另一成人对主人公进行责骂。控制组的儿童看到进来的成人对主人公既没奖励，也没惩罚。看完电影后，将儿童立即带到一间有与电影中同样的充气娃娃的游戏室里，实验者透过单向玻璃对儿童进行观察。结果发现，看到榜样受到惩罚的孩子表现出的攻击行为明显少于另外两组，而另外两组则没有差别。该实验说明了个体可以通过观察学习，模仿榜样来习得和维持一些新的行为。同样，在教育情境中，采用同伴榜样可以为缺乏自我效能感的个体提供一个真实可行的准则，让他们知道自己也有能力达到相同的目标。例如，针对患有社交焦虑（如逃避社交、自我孤立）的学生，就可以让他们观察同伴是如何进行不同的社交活动（现场示范或录影示范）的，这样有利于他们表现出较多的同伴互动。

五、培养个体的能力增长观

能力对个体的成功起着关键性作用，且成功有利于提升个体的自我价值。因此在许多人眼中，能力就等同于自我价值。并且个体所持有的能力观会影响到个体在具体成就情境下的行为反应及其对努力的态度。例如，当持有能力固定观的个体遭遇失败时，就常常认为自己能力不足，自己再怎么努力也无法取得成功，因为能力是先天决定的，无法改变。从而他们宁愿选择主动地逃避，也不愿付出应有的努力。因此，为了激发和维持学生或孩子的动机，教师或家长应该培养他们积极乐观的态度，使他们形成能力的增长观。首先，让他们意识到能力是一种用来解决问题的资源，可以随着知识和经验的增长而增长；其次，让他们知道能力是多元的，所有个体都或多或少地具有某些方面的专长。根据加德纳的多元智力理论，一般智力包括七种能力因素：语言智力、数理逻辑智力、音乐智力、空间智力、身体智力、人际交往智力和自我认知智力。因此，只要个体因势利导，尽可能地发挥自己的特长，就能够取得更大的成功，正所谓“三百六十行，行行出状元”。

六、引导个体正确认识努力

根据自我价值理论，随着年龄的增长，许多学生越来越认同能力，而较少地认同努力，其学习动机相应地就越来越低。因此，针对学生或孩子的错误认识（如太努力说明能力不行），教师或家长要积极引导，让他们正确地认识努力。例如，可以采用一些基于努力程度的评价，去鼓励个体努力学习，对学习进步者给予奖励；让个体认识到能力和努力在学习中缺一不可，不要用带有偏见的眼光来看待努力而没有成功的人，而要正确地分析原因，从多方面来看待失败，以期待下次成功。而对于学生或孩子所取得的成功，教师或家长应引导他们将其归因于努力这种内在的、可控制的因素，这样有利于提升他们的自我信念，并能预期今后再次获得成功，从而保持一种积极乐观的心态。

【建议参考资料】

1. 布朗. 自我［M］. 陈浩莺，译. 北京：人民邮电出版社，2004.

2. 班杜拉. 思想和行动的社会基础——社会认知论［M］. 林颖，译. 上海：华东师范大学出版社，2001.

3. 张爱卿. 动机论：迈向21世纪的动机心理学研究［M］. 武汉：华中师范大学出版社，2002.

【问题与思考】

1. 什么是自我认知？

2. 自我认知的来源和作用有哪些?
3. 自我效能感理论的基本要点是什么?
4. 试述自我价值理论的基本思想。
5. 结合自己的经验，谈谈如何运用自我信念来激发和维持动机。

第七章　社会动机的作用

【本章提要】

究竟是人多好干活，还是三个和尚没水吃？为什么明明知道老板的决定是错的，你就是不敢指出来？两性交往除了受到基本的性驱力驱使外，还受到哪些因素的影响？为什么有校园暴力？是什么动力驱使人们攻击他人？人是社会动物，生活在社会中就必然要与其他人产生联系，这决定了人类的行为不可能只受到生理驱力的影响。我们将那种由人的社会属性引起，以人的各种社会需要为基础的动机称为社会动机。本章将主要关注社会环境因素在行为的激活和指向中的作用，并对上述问题给出心理学的解答。内容主要涉及社会影响和社会交往等社会心理学领域。本章首先讨论他人在场对行为效率的影响，然后介绍从众、顺从和服从三种重要的社会影响现象，而后介绍两种重要的社会交往需求——归属需求和亲密需求，最后将探讨两种重要的社会行为——利他行为和攻击行为。

【学习重点】

1. 掌握社会动机概念和内容。
2. 掌握社会促进、社会抑制和社会懈怠的概念及相关理论。
3. 了解社会影响的经典实验研究。
4. 掌握归属需要的原因。
5. 理解利他行为的理论。
6. 了解促进不同社会动机的途径。

【重要术语】

社会动机　社会促进　社会抑制　社会唤醒效应　社会懈怠　社会影响　从众　服从　顺从　社会交往　归属　依恋　亲密关系　利他行为　互惠论　社会交换理论　旁观者效应　攻击行为　挫折—攻击理论　社会学习理论

第一节　社会动机概述

人的行为动机是多种多样的，饥饿、渴和性都是基本的生理动机，它们具有可辨识的生理过程。但作为社会动物，还有一些人类的行为并不是以满足基本的生物需要为目的，而是人作为社会存在所不可缺少的，如参加某一个组织、获得某种认可、取得某些成就等。这些行为的动机较少地依赖于特定的生理系统，主要来自于心理内驱力和社会性需要。心理学将这些由人的社会属性引起的，以人的各种社会需要为基础的动机统称为社会动机。

社会动机与生理动机在某些特性上是有所不同的。首先，生理动机基本上都是通过先天的遗传获得的，因而很难改变。少吃少喝可以通过训练做到，但不吃不喝是不可能做到的。社会动机则有一部分是遗传的产物，如归属的动机；还有一部分是人在社会生活中学习的产物，是后天习得的，因而是可以改变的，如交往动机和成就动机等。其次，生理动机是生物遗传的产物，因此没有太大的个体差异；社会动机则主要是社会化的产物，因而不同社会环境中的人会有着不同的，甚至截然相反的心理需求，表现出较大的文化差异。比如，在中国社会，获得团体内成员的认可是人们普遍看重的行为原因，而在美国社会，追求个人的自由和独立则是人们首要的行为动机。再者，生理动机产生于生理不平衡，只有获得对应的生理补偿才能恢复平衡，所以饿了就得吃饭，渴了就得喝水；社会动机是由于社会生活环境的影响而导致的心理不平衡状态，是可以通过补偿或替代等间接的方式重新获得平衡的。比如，个体以前做过让自己良心不安的事情，以后可以通过某些善行来让自己的内心获得救赎。

社会动机的种类很多，包括认知动机、交往动机、成就动机、权力动机等，其中一些内容在前面的章节中已经有所涉及，本章将主要关注社会环境因素在行为激活和人际交往中的作用，内容包括社会促进和社会懈怠、社会影响、社会交往、利他和攻击行为。

第二节 社会促进和社会懈怠

一、社会促进

人是社会动物，单独一个人和有他人在场时，人们的行为表现是不一样的。研究发现，他人在场会对个体的行为产生明显的影响（Zajonc，1972），其中最常见的现象就是社会促进。所谓社会促进（social facilitation），是指人们在有他人在场时，行为会发挥到更高水平的现象。心理学家特里普利特（Triplett，1898）很早就发现，相同的赛程，自行车手在一起比赛时的成绩要比各自单独和时间赛跑时的成绩好。此外，心理学家奥尔波特（Allport，1924）发现，他人在场能够提高人们做简单乘法和圈字母等任务的速度，同时还能提高简单动作任务的准确性。

他人在场对于人类的一些基本生理动机也会产生促进作用。里德等人（Redd et al，1992）发现，与他人在一起时，大学生们会消耗更多的食物、水、盐分和酒精。大学生在一起吃饭时的食物摄入量会增加60%。在另一项研究中，卡斯特罗等人（John de Castro，1992）发现，大团体会使个体的进食量增加75%。此外，在饮酒、奔跑、性行为以及购物过程中也会出现社会促进现象。这种社会促进不仅发生在人身上，也会发生在动物身上。当有同类在场时，蚂蚁能挖掘更多的沙子，小鸡会吃更多的谷物，交配中的老鼠会表现出更多的性活动。

值得一提的是，他人在场并不总是能够提高当事人的表现，在完成某些任务时，他人在场会妨碍当事人的表现，这种现象被称为社会抑制（social inhibition）。例如，有同类在场时，蟑螂、鹦鹉和金丝雀学会走迷宫的速度都会变慢。他人在场会降低人们学习无意义音节、完成迷宫游戏以及做复杂运算的效率。

那么，他人在场究竟会对我们的行为产生怎样的影响呢？著名的社会心理学家扎荣茨（Zajonc，1965）通过社会唤醒效应（the effects of social arousal）对这一问题进行了分析。所谓社会唤醒，是指由于他人在场而导致的生理唤醒状态。唤醒状态能否提高行为表现依赖于任务的性质。从图 7－1 中可以看出，其他人在场会产生社会唤醒，这种社会激活继而会增强个体的控制性反应。如果此时个体执行的是一项简单任务，如做简单的算术题或者吃东西，正确反应都是人们掌握得非常好的自然或优势反应，其成绩就会提高；如果此时执行的是一项复杂的任务，如学习一个新材料、走迷宫或解决一个复杂的问题，这些任务的正确反应很难一下子做出来，其成绩就会降低。

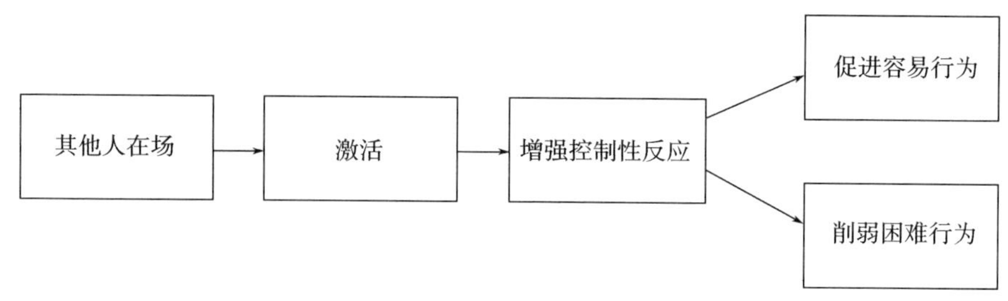

图 7－1　社会唤醒效应

为什么他人的存在会激发生理唤醒进而影响人们的动机呢？一种观点认为，仅仅是他人在场就会产生生理唤醒，这是存在于大多数生物体的一种十分简单的、天生的倾向。另一种观点认为，人们关心别人如何评价自己，并且想给别人留下一个好印象，因此他人的存在就会引发人们的动机，产生评估焦虑（evaluation apprehension）。在完成简单任务时，意识到正在被评估会使人们更努力；在完成复杂任务时，这种被评估的压力则会降低绩效。

二、社会懈怠

社会懈怠（social loafing）是指在团体中不单独评价个体的成绩，而是将团体作为一个总体进行评价所引发的个体努力水平下降的现象。最早发现该现象的是法国工程师林格尔曼（Ringelman，1880），他观察到，人们一起拔河时所付出的努力只是所有个人单独拔河时的努力总和的一半。社会心理学家拉坦和他的同事（Latane et al，1979）对社会懈怠现象进行了进一步的研究。在一项实验中，他让大学生以欢呼或鼓掌的方式制造尽可能大的噪声，每个人分别在独自一人或六人一组的情况下进行。结果发现，每个人所制造的噪声随团体人数的增加而下降，被试在和其他五个人一起叫喊或鼓掌时所发出的喧闹声要比他自己单独做时少三分之一。政治学家斯威尼（Sweeney，1973）所做的实验也证明了社会懈怠现象。他让学生们通过踩单车来发电，以发电量衡量学生的努力程度。当学生们知道自己被单独评价时，与其认为自己的成绩考核还要结合其他人的行为表现时相比，踩单车时会更加卖力。

为什么会出现社会懈怠？卡劳和威廉姆斯（Karau & Williams，1995）提出了一个集体动力模型来解释这一现象。他们认为，在群体任务中个体的努力程度主要取决于两个因素：1. 个体认为其个人努力对成功完成群体任务的重要性或必要性的大小；2. 个体认为群体成功价值的大小。当个体认为自己的工作会被淹没在群体之中时，就会在群体中松懈下来——因为没有人知道他们做得好不好，他们也不可能为自己的行为负责。因此，群体规模越大，社会懈怠的程度也就越高。

三、如何减少社会懈怠，提高工作动机

社会懈怠现象会降低个体的行为动机，对团体的工作表现有害，所以管理者应努力消除它。减少社会懈怠，提高工作动机的途径有如下几种。

1. 增加个体的责任感

社会懈怠主要是因为个体认为团体中其他人并不像自己那样卖力，自己的贡献在团体活动中可能会被忽略，由此产生责任分散。因此，要想减少社会懈怠，最好的方式是让被试感受到更多的参与性和责任感，比如使个体作业成绩可识别化。一个对流水线生产所做的简单实验发现，在对工人的工作业绩进行单独评价后，即使没有额外的报酬，工人生产的产品数量仍然增加了16%（Faulkner，1996）。此外，保持工作群体较小的规模并使构成群体的成员实力均衡，也有助于使成员们相信自己对群体的贡献是必不可少的。

2. 增加任务的挑战性

当任务具有挑战性、吸引力和引人入胜的特点时，群体成员的懈怠程度就会减弱（Karau，1993）。因为面临挑战性的任务时，人们会倾向于认为自己付出的努力是具有重要意义的。比如在龙舟比赛中，由于任务本身具有挑战性，每个成员就不会因为处于一个团体而降低自己的努力程度。此外，只要团体成员相信高的努力程度能够取得好的作业成绩并带来回报，他们就会努力工作。因此，对群

体实施激励性措施或者让群体为一个有挑战性的目标而奋斗，也可以提高整体的努力程度。

3．增加团体成员的熟悉程度

如果小组成员彼此都是朋友而非陌生人，或者成员都很认同自己的群体，那么社会懈怠就会减少。研究发现，在班级中，常常见面的同学之间的合作动机就比那些几乎没有什么机会再见面的同学的合作动机更高。因此，通过各种途径增加团体成员的熟悉程度，增加团体成员对所属群体的认同感，可以有效地降低社会懈怠，提高工作动机。

第三节　社会影响

社会影响是指运用个人或团体的社会力量在特定的方向之上改变他人的态度或行为的过程。这里所说的社会力量是指能够引起他人态度和行为发生变化的各种力量，它的来源非常广泛，既包括与社会地位相联系的各种权力，也包括源于被爱和受尊敬的影响力。社会影响最直接的表现就是它对人类的行为和行为倾向有着重要的决定作用，受这些影响的行为从程度上来看大致可以分为从众、顺从与服从。

一、从众

从众（conformity）是一个人因为群体或个人真实或想象的压力而产生的信念或行为的改变。一般认为，从众源于人们普遍具有强烈的与团体保持一致的动机，这种动机导致人们的行为会受到团体压力的影响。实际上，有时候一个群体的存在本身就会引发人们产生赞同或者服从团体愿望的动机。例如，由于处于某一群体，人们很可能会在不情愿的情况下饮酒甚至吸食毒品，也可能会跟着其他人一起做出不道德的行为如飙车或聚众斗殴。

社会心理学家阿希（Asch，1940）在一个经典实验中研究了人们的从众行为。实验开始前，主试告诉被试其所参加的是一个知觉判断的实验，被试将与七名学生（实际上是主试的同谋）一起完成实验。具体程序如下：主试向每个被试展示两张卡片，一张上面有一条线，另一张上面有三条线，标号 1、2、3（如图 7－2 所示）。他让每个人都判断并大声报告，第二张卡片上的三条线中的哪一条线与第一张卡片上的线段是一样长的。

很显然，这对被试来说是一项非常容易的任务，只要视力正常的被试都能看出线段“3”是正确答案。但是，当主试的同谋一致性地选择了错误答案后，被试会不会从众呢？实验结果表明，尽管人们的从众程度不同，但从总体上讲，至少有 33% 的被试会从众，选择与同谋一样的错误答案。在整个实验过程中，有 76% 的被试至少有一次从众行为发生。

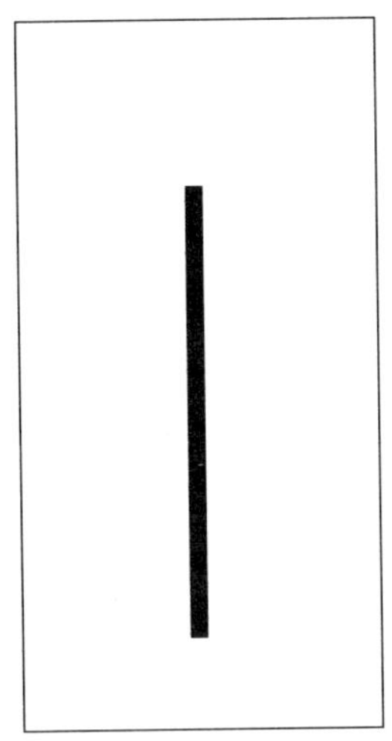

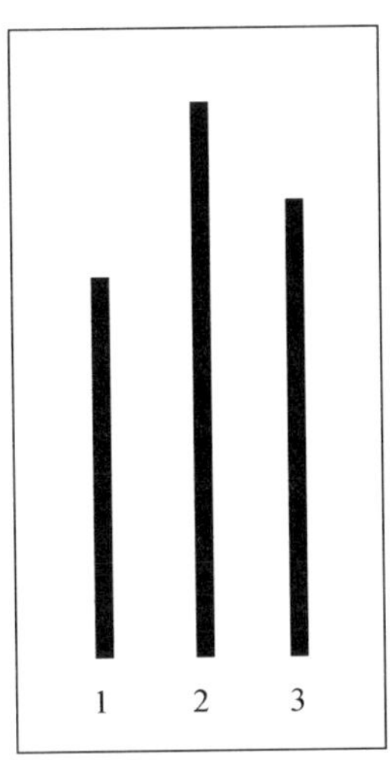

图 7-2　阿希实验中所用的图片

人们为什么会有如此强烈的从众动机呢？有两个主要的原因。首先，他人的行为通常能够提供十分有用的信息，因此人们越相信群体的信息，越重视群体的观点，就越容易与群体保持一致。例如，你第一次到一个陌生国家的餐厅吃饭，要想弄清楚如何点餐，你就得仔细观察周围人的行为，按照别人的程序去做，以免犯错误。从众的另一个原因是为了获得他人的赞同，并避免其他人的反对。人们通常希望别人能够接受和喜欢自己，友好地对待自己，所以有时会为了获得这些而改变自己的行为方式，使自己更加符合群体的规范和标准。例如，当我们与一群朋友聚餐时，如果其他人都在喝酒，即使你原本并不喜欢喝酒，也很可能会掩盖自己的真实想法，跟着大家一起喝。

二、顺从

顺从（compliance）是指个体在他人的直接请求下按照他人要求做的倾向，即接受他人请求，使他人请求得到满足的行为。在现实生活中，我们经常向他人提出这样那样的要求，希望他人能顺从我们的观点与行为，如请朋友开车送你去车站，邀请同学加入你的社团或向顾客推销你的产品等。那么究竟该以怎样的方式表达这些要求，才会增加对方答应的可能性呢？巴斯和顾德（Buss & Gody）对引起顺从的环境与策略进行了探讨，并指出，要想使他人顺从我们的请求，创建良好的顺从环境非常重要，其中有三个因素有助于建立一个使人们感到愉快的顺从气氛。

一是积极的情绪。情绪好的时候人们顺从的可能性更大，尤其是要求他人做出助人行为时（Isen，1987）。詹尼斯（Janis，1965）等人发现，如果在阅读信息时让大学生享用花生和可乐，那么他们会更容易被说服。积极的情绪之所以能够增加顺从，一方面是因为心情好的人活动的动机更强烈，更愿意也更可能参与各种各样的行为；另一方面是因为好的心情会激发人们愉快的记忆和联想，从而使得人们对提要求的人产生好感。

二是互惠性。在社会规范中，互惠规范对顺从的影响也很大。互惠规范强调一个人必须对他人给予自己的恩惠予以回报，如果他人给了我们一些好处，我们必须要相应地给予他人一些好处。这种规范使得双方在社会交换中的公平性得以保持，但同时也变成了影响他人的一种手段。里根（Dennis Regan，1971）的一项实验室研究就证明了互惠规范的这种影响。在研究中被试与另外一名学生一起完成一项工作，实际上这名学生是实验者的助手。在实验中间休息的时候，助手出去了一会，几分钟之后又回来了。回来的时候有些人给被试带来一瓶饮料，有些人则什么也没带。不久，助手要求被试购买票面价值为 25 美分的演出票，结果发现有饮料的被试人均购票两张，而没有饮料的被试只买了一张票。互惠规则被广泛地运用于我们的日常生活之中，尤其是在市场销售活动中。汽车销售人员在你购买了他们的产品后，经常会给你送一些礼物；保险销售人员也是如此，当他们挨家挨户推销保险的时候，经常会给人们送诸如水杯之类的小礼品，他们这么做主要是为了增加顾客顺从的概率。

三是合理化的原因。我们对于他人的顺从也需要合理的原因，当他人能给自己的请求一个合理的解释的时候，我们顺从的可能性就会增加。哈佛大学心理学家兰格（Ellen Langer，1977）等人对合理化理由增加顺从的影响进行了研究，研究中她让助手去插队复印一些文件，在一种情况下助手没有对排队的人说出理由，只是简单地说："我可以先印这 5 页文件吗?"结果 60% 的排队的人顺从了助手的要求。而在另外一种情况下，助手给了一个简单的理由，他说："我有急事，能让我先印 5 页文件吗?"结果有 94% 的排队的人顺从了助手的要求。仅仅给出一个简单的理由就可以增加他人的顺从，是因为人们习惯于对他人的行为寻找原因，并且我们也倾向于相信他人不会提出不当的要求。

三、服从

服从（obedience）是指在他人的直接命令之下做出某种行为的倾向。一般情况下，人们会服从地位高的他人或权威的命令，这种服从有时候是自愿的，有时候则是迫不得已的。此处所探讨的服从，主要是指尽管我们不愿意或者缺少做事情的动机，但出于别人的要求或逼迫而做出某些行为的情况。这类服从行为最典型的例子之一就是第二次世界大战时期德国纳粹分子对犹太人的迫害。战争结束后，困扰很多心理学家的一个问题是：这些纳粹军人这么做的原因究竟是什么?是因为他们天性残暴，还是仅仅为了服从权威人物（希特勒）的命令?

针对上述疑惑，耶鲁大学的社会心理学家斯坦利·米尔格拉姆（Stanley Milgram，1963，1974）完成了一系列考查服从现象的实验。在他最初的研究中，自愿参加实验的被试被告知实验的目的是为了研究惩罚对学习效果的影响，同时安排让被试在实验中担任"老师"的角色，另一个人则扮演"学生"角色（实际上是主试找来的电影演员）。"老师"的任务是教"学生"完成单词配对任务，并在"学生"犯错误的时候实施电击作为惩罚，电击的电压范围是15—450伏。被试每犯一次错误，惩罚的电压就增加15伏。实验的设备和情景见图7－3。米尔格拉姆想知道，在实验过程中，会有多少人服从主试的命令，最终将电压升到450伏。实验正式开始前，米尔格拉姆曾让大学生和精神病学家对服从的人数进行估计，结果他们普遍预测只有很少的人（不到10%）会将电压升到最高。

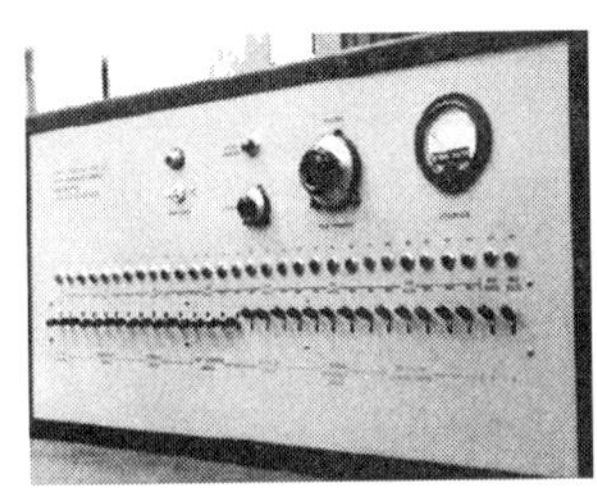
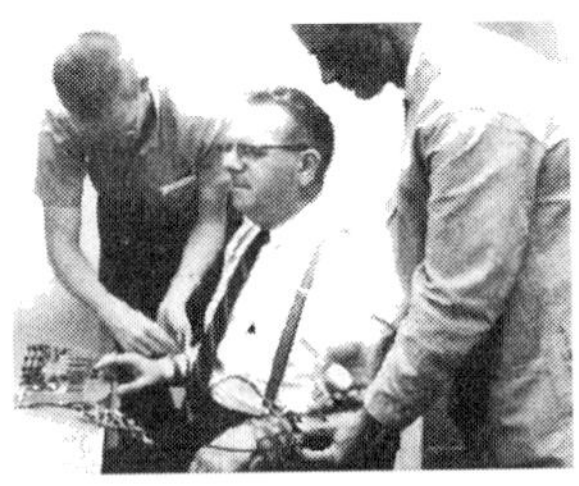
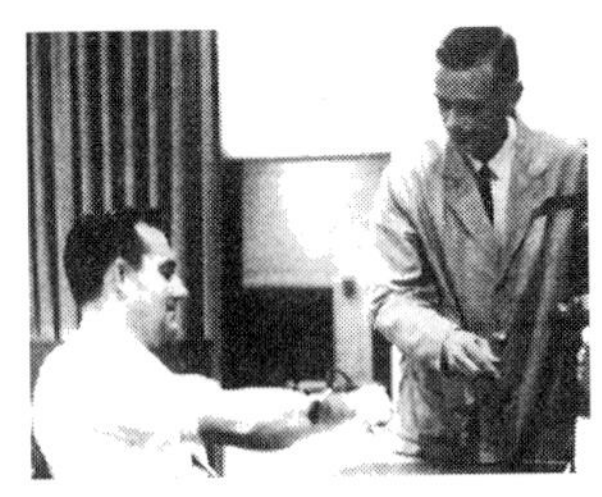

图7－3　米尔格拉姆服从实验的设备和情景

实验过程中，扮演"学生"的演员会故意地不停犯错误，并通过表演增加实验情景的可信性。当电压升到150伏时，"学生"开始求饶，随着电压的进一步上升，"学生"开始大喊大叫，并声称自己心脏有问题，要求退出实验。在这些时候，"老师"往往会表现出迟疑，但每次当他犹豫不决时，主试都会严肃地告诉他"请继续实验"。实验结果令人惊讶，有超过60%的被试屈服于主试的命令，将电压一直升到了最高。但是，米尔格拉姆也着重指出，从"老师"们在实验过程中的表现来看，他们并不是天生的虐待狂，他们在实施电击的过程中充满了犹豫和不安。由此可见，被试最终将电压升到最高的主要原因是出于对权威的服从。

人们服从权威的原因与从众的原因是相似的。首先，人们倾向于做权威做的事或权威要求自己做的事，从而使自己能够被社会接受和承认。其次，在一个模糊的情境下，人们会相信其他人关于适当和正确的行为方式的暗示，尤其会按照专家或者权威人物告诉他们的方式做事情。这一点在米尔格拉姆的实验中表现得非常明显，因为在实验室这样一个陌生的环境中，被试不知道具体的行为规范应该是什么样的，只能按照主试的指示完成实验操作。

四、如何利用从众和服从促进有益行为

从众和服从是存在于人类社会中的一种非常普遍的行为，对于整个社会而

言，从众和服从是好事还是坏事呢？有人认为，从众和服从阻碍了人们的独立性和创造性，不利于社会发展。但事实上，在大多数情况下，从众和服从有着非常重要的社会价值。社会的平稳发展需要人们能够遵从某些特定的规则，对社会规则和社会规范的服从在社会交往过程中起着重要的润滑作用。那么，该如何利用从众和服从来影响人们的行为倾向从而促进公共的利益呢？比如，能否通过从众和服从减少人们浪费资源和乱丢垃圾的行为，鼓励人们参加公益事业，提高人们的社会责任感？基于相关研究结果，有如下几点可供参考。

（一）提高示范者的权威性

研究表明，与那些没有多少声望或不怎么富有的人相比，人们更愿意顺从权威或地位高的人的行为。我们越认为某个人是专家或值得信任，就越可能追随他的行为。对不遵守交通规则的研究发现，与没有遇到任何正面示范者相比，当有一位不闯红灯的示范者在场时，其他步行者闯红灯的可能性更低。而且，衣着整洁的示范者所引发的从众反应要比那些穿着破旧的示范者更强。

（二）增加模糊情境下的正面示范行为

在很多情境中，我们遵从他人的行为，是因为他人的行为是我们采取适宜行动的唯一指南，尤其在不确定的情境中，人们的从众和服从行为更加明显。一项研究考查了大学男浴室内学生们的节水行为。研究者发现，虽然浴室挂着一个告示，要求人们为了节约用水在打肥皂的时候关上水龙头，但是只有 6% 的学生按照要求行事。当研究者偷偷安排了一个示范的学生，按照告示的要求去做时，有超过 49% 的学生会照告示的要求去做。当同时有两个示范的学生时，按照告示去做的人增到了 67% 。因此，在一种不确定的情境中，适当增加正面示范行为，可以为后来者提供信息，暗示在特定场合下人们的一般做法，从而引导人们做出适宜的行为。

（三）提醒人们对于规范的意识

有时候，单单有示范并不一定能够起到使人们从众和服从的效果。西奥迪尼（Cialdini）等人在停车场进行的一项研究证明了这一点。他们在一些汽车的挡风玻璃雨刷器上放置了广告单，然后等在一边观察每个司机在看到广告单时会怎么做。结果发现，当停车场非常干净时，如果示范者将广告单扔到地上，大多数司机都会照着做，这是典型的从众行为。但有意思的是，如果人们事先看到停车场的地上有一片碎纸，他们跟随示范者乱扔垃圾的可能性要比停车场非常干净时小得多。因为看到一片碎纸让人们想到了垃圾——这会提醒人们想起保护环境卫生的规范，进而关注自己的行为。如果停车场一干二净，很多人甚至根本就想不到那些规范，不经意间就将垃圾扔掉了。所以，通过适当的方法提醒人们对规范的意识，能够有效减少人们违反规范的行为。

第四节 社会交往

交往动机是在交往需要的基础上发展起来的一种重要的社会动机。交往需要表现为每个人都愿意归属于某个团体，喜欢与人来往，希望得到别人的关心、友谊、支持、合作与赞赏。这种需要促使人们结交朋友，寻找支持，参加某个团体并在其中发挥作用。心理学家阿特金森（1954）认为，有两种交往动机影响人们的社会交往：一是归属需求，是指个体寻求和保持积极人际关系的愿望；二是亲密需求，是指人们追求温暖、亲密关系的愿望。

一、归属需求

归属的需要（need for belong）是人类的一种基本需要，是指个人要与他人在一起，或者要加入某个团体的需要。人是社会性的动物，每个人都希望寻求得到他所关心和重视的个人和群体的支持、喜爱和接纳。心理学家鲍麦斯特（Baumeister，1995）等人就指出："归属的需要是人类最重要、最广泛的社会动机。"当归属需要被满足时，人们会感到安全、有依靠、增加了生活和活动的勇气；反之，人们会因孤独、寂寞而产生焦虑和痛苦。因此，我们的大部分社会行为的目的都在于获得社会接纳和包容，增加我们的归属感。为了避免遭到拒绝，我们一般遵守团体标准并且努力留下良好的印象；为了赢得尊重和友谊，我们监控自己的行为，保持健康的形象；为了寻求爱和归属，我们花大量的钱在衣服、化妆品、饮食以及健身器材上。

对于归属动机的产生原因，不同学者有不同的看法。一种观点认为，归属是人类的本能性动机。例如，马斯洛就认为，虽然在需要层次上讲，归属的需要高于生理和安全的需要，但都是人类的基本需要（basic need），即归属也是人的一种本能，是生物自然选择的结果。从进化的角度上讲，这种观点是有一定的道理的，因为在原始社会，独立的人类个体势单力薄，不足以对抗捕食者等来自外部的生存威胁，合作可以使成员之间互相扶持，互相支援，增加了种族的生存能力。动物行为学家瓦尔（Frans de Waal，1989）对大猩猩和猴子的比较研究暗示这种归属需求存在着生物基础，也就是说，人们寻求与他人交往、交朋友并进一步发展成为亲密关系的倾向源于自身生存的遗传特质。

还有一种观点认为，我们有归属的需求，是因为当我们被排斥在群体之外时，情感会受到伤害，会感到焦虑和抑郁。人们主动与他人产生联系主要是为了避免这些不好的感受。这种观点也得到了一些研究证据的支持。例如，鲍麦斯特等人（2002）根据一份虚假的人格测验结果告诉一些被试，他们"注定要孤独一生"，人们都不愿意接纳他们加入自己的团体，以此来诱发被试产生社会排斥体验。结果发现，这些被试在随后的测验中，出现了更多的自暴自弃行为，比如在态度测验中表现不好，对曾经得罪过自己的人进行贬损或抱怨等。威廉姆斯等人（2000）还发现，即使在虚拟的世界中，被一个永远都不可能见面的人拒绝，也会引发人们的挫折感。研究者从62个国家招募了1 400多名被试，并告知每个被试会与另外两个人一起玩一个网络游戏（另外两人实际上是电脑程序模拟的）。结果，那些遭到另外两个人排斥的被试会感到情绪低落，并且在完成随后的知觉任务时，更容易服从他人的错误判断。后续的脑成像研究还发现，他们在遭到排斥后大脑皮层活动较高的区域，与身体经历创伤后所激活的脑区是一样的。由此可见，被群体中的其他人孤立和排斥，对大部分人来说都是一种实实在在的伤害。

二、亲密需求

亲密需求是人们对于人际交往的一种更高水平的追求，它的满足通常来源于亲密关系。所谓亲密关系（close relationship），是指交往的双方彼此依赖和影响的程度很大，朋友、知己、恋人、夫妻以及家庭成员等关系均属此列。亲密关系有三个重要的特征：一是双方有较长时间接触和互动；二是双方在交往过程中形成了基本相似的价值观和需要，共享很多共同的活动及兴趣；三是双方在思想、情感和行为等方面相互的影响力很大。阿伦（Aron，1991）等人认为，亲密关系的实质是把他人融入了自我概念，即他人成了自我的一部分。这样，在分配资源和利益时就不分彼此，并敢于在这种亲密关系中进行自我暴露。

人类最初的亲密关系表现为父母与孩子之间的依恋，它是婴儿和父母之间的一种强烈的情绪联系。精神病学家鲍尔比（John Bowlby，1980）把这种情绪联系看成是人类与生俱来的特征，他在对无家可归的儿童的心理健康状况进行研究后指出："与他人的亲密关系构成了一个人生活的核心，人们都是通过这些亲密依恋来获得力量和享受生活的。"哈洛（Harlow，1974）对灵长类动物的经典研究也证实了依恋对于生存和成长的重要意义，所以许多心理学家把依恋看成是人类的本能行为。

发展心理学家安斯沃思（Ainsworth，1989）对人类的依恋关系做了进一步的研究，并把父母与孩子的依恋关系分为三种类型。第一种是安全型依恋（securely attachment，约占66%），父母对孩子的欢乐、悲伤以及要求等方面的信息很敏感，这种情感促使他们关爱孩子，从而使得父母与孩子之间的关系更加亲密，孩子不会产生被抛弃的感觉。第二种是回避型依恋（avoidant attachment，约占22%），这种类型的父母经常远离孩子，逃避与孩子建立亲密关系的尝试，这会导致孩子也逃避与父母的接触，抑制自己的依恋需要。第三种是矛盾型依恋（ambivalent attachment，约占12%），父母对孩子的情感经常不一致，有时很关心，有时却不感兴趣，这会导致孩子在自己的情感投入没有得到回报时显得暴躁和焦虑。

生活早期的依恋形式不仅对儿童的成长有着重要的意义，而且还影响着成人以后的亲密关系的建立。为了了解依恋类型如何影响成人间的亲密关系，哈赞等人（Hazan et al，1987）设计了一个爱情小测验并把它刊登在报纸上，在测验中除了询问人们的浪漫关系外，还让人们选择出自己的依恋风格。结果证明，安全型的人很容易接近，并期望与他人发展亲密关系；回避型的人不易与他人形成亲密关系，他们通常不信任别人；矛盾型的人也对自己的亲密关系不满，但与回避型不同的是他们对自己的伴侣着迷。这项调查还得出了这三种依恋类型在成人中的比例：安全型占56%，回避型占25%，矛盾型占19%。

三、如何促进亲密关系

亲密关系对于每个人的生活都是必不可少的，心理学研究证明，那些拥有广泛的亲密关系的人，在身体状态、生活满意度以及个人成就等方面都要比那些亲密关系匮乏的人更好。因此，通过适当的方法培养和发展自己的亲密关系，对于人们的工作和生活都具有非常重要的意义。

（一）发展安全的依恋类型

安斯沃思（1973）发现，在一个陌生的环境里，安全型依恋的婴儿在母亲在场时，会很舒适地玩耍，快乐地探索环境。母亲一旦离开，他们就会变得紧张起来，当母亲重新回来时，他们会跑向母亲，抱住她待一会，然后才会放开母亲继续刚才的玩耍和探索。这种孩子通常比较合作，很少生气，对陌生人比较友善。学者普遍认为，儿童期的这种安全型依恋能够形成一种健康的人际交往模式，为成年后的亲密关系建立奠定了重要的基础。例如，安全型依恋的成人很容易与别人亲近，并且不会由于对别人过于依赖或被别人抛弃而感到苦恼。此外，安全型依恋的恋人也更容易与对方保持忠诚的、令人满意的持久关系。

父母在儿童早期的反应方式对安全型依恋的形成至关重要。安斯沃思发现，生命的第一年，尤其是6个月到1岁间，对形成依恋关系非常重要。敏感的、反应型的母亲会让孩子对世界的可靠性形成一种基本的信任感，由此更容易培养出安全型依恋的孩子。当婴儿从稳定的家庭和照顾者那里获得较好的照料时，他们更容易形成积极的人格品质；如果婴儿得不到稳定的、高质量的照料，他们就可能逃避母亲，并且在以后出现情绪和社交问题。

（二）注意交往中的公平

公平是维持亲密关系的重要条件，因此社会交往过程中存在着公平（equity）原则：在任何形式的人际关系中，人们的付出应与其收益成正比。比如爱情与婚姻等亲密关系中，人们并不是以最小的付出换取最大的收益，而是追求一种大致的平等，付出多少，就得到多少。如果感情关系中的双方毫不考虑对方，而都只追求个人需求的满足，那么这种关系就会结束。

公平的交往会让人们对关系的满意度更高，而那些认为其关系不平等的人往往觉得不舒服：占了便宜的一方会感觉到内疚，吃亏的一方会感到愤怒。谢弗尔等（Schafer et al，1980）在对几百对不同年龄段的夫妇进行调查后发现，那些觉得自己的婚姻不公平的人大多是因为其中某一方在烹调、家务、照顾孩子等工作中贡献过多或过少。因此，在长期的亲密关系中，应注意公平的原则，避免由于过度的付出或索取而破坏关系的稳定性。

（三）增加自我表露

沟通是促进亲密关系的有效手段，在各种沟通方法中，自我表露是人们最常用也最有效的方法。自我表露（self-disclosure）是指个体把有关自己个人的信息告诉给他人，与他人共享自己内心的感受和信息的过程。人们不仅喜欢那些敞开胸怀的人，而且也会对自己喜欢的人敞开自己的胸怀。如果被他人选择为自我表露的对象，我们通常会感到很愉快。例如，一个平时很内向的人对你说，你的某些特质让他觉得“愿意敞开心扉”，分享他的秘密，你一定会感到非常高兴。

作为接受方，积极的倾听有助于促进对方的自我表露。著名心理学家罗杰斯将良好的倾听者称为能够“促进成长”的听众，这种倾听者在交谈中会一直保持高度注意的面部表情并且总是显得很乐意倾听。对方说话时，他们也会时不时地插一些支持性的话语，由此表达自己对交谈的兴趣。好的倾听者应该是真正表露自己情感的人，是愿意接受他人情感的人，也是容易产生共情和善于思考的人。

第五节　利他行为和攻击行为

利他行为和攻击行为是两种普遍的社会现象，通常一种行为促进了人类社会的发展，另一种行为则对人类社会造成了严重的伤害。但是，无论人类怎样努力，利他行为并没有像期望的那样成为人们普遍的行为方式，攻击行为却仍以各种形式与人类社会相伴随。本节将对这两种行为的产生原因和干预方法进行探讨。

一、利他行为

利他行为（altruism）是人类的最常见的一种亲社会行为，是指在毫无回报的期待的情况下，表现出的自愿帮助他人的行为。每次灾难过后，我们经常可以看到这种行为。美国的“9·11”事件发生后，有403名纽约的消防员和警察为了从世贸中心解救被困人员而牺牲。汶川地震后，来自全国各地的超过20万名志愿者奔赴灾区参与抗震救灾。人们为了帮助灾难中的人，不惜牺牲自己的时间、金钱甚至生命，这些都是典型的利他行为。

如何理解这些为了帮助他人而作出的自我牺牲与英雄主义行为？这种利他行为的动机是什么？对此心理学界现有两种观点：互惠和纯粹的助人。持互惠观点的学者倾向于讨论利他行为的进化意义。他们认为，在人类的进化过程中，善于合作的群体要比那些自私的、各自住在自己洞穴中的个体更容易抵抗来自外部环境的生存威胁。因此，最有可能生存下来的人，是那些与邻居发展出互惠默契的人："我现在会帮助你，当我需要帮助的时候，你也会来回报我。"因为具备这样的生存价值，这一互惠规范得以在人类社会保留下来。还有一种互惠的观点来自社会交换理论，其核心观点是：我们所做的许多事情源于最大化报酬和最小化成本的期望，只有当报酬超过成本时，人们才会助人。从社会交换的角度来讲，真正的利他主义，即当人们做的事对自身来说代价很高时仍然助人的行为，是不存在的。

另一种观点认为，人类社会是存在不求回报的利他行为的。巴特森（Batson）提出的同理心—利他主义假设（empathy-altruism）是这类观点的代表。巴特森认为，很多时候利他者的唯一目的就是帮助他人，即使做这些事情会使自己付出某些代价。他将这种行为称为纯粹的利他主义。巴特森还指出，纯粹的利他主义的发生前提是对被帮助对象产生同理心：我们对这个人是否感受到了同情？当这个人很苦恼、很无助时，我们是否感同身受？如果产生了同理心，我们就会不计得失去帮助对方。如果我们不同情对方，互惠的心态就会起主导作用，我们就可能计算提供帮助的得失。

巴特森通过一个实验证明了上述假设。实验的被试是选修心理学导论课程的学生。他们在实验中听到的是一个叫卡萝尔的学生的访谈录音，她描述自己经历了一场车祸，并因此耽误了心理学导论的课程，她希望能够找到一个选修该课程的学生为她补课。听完录音后，研究者让一部分被试想象卡萝尔遇到车祸后的生活改变和感受，以此诱发他们的同理心。结果发现，这些被诱发出同理心的被试会忽略个人得失，更愿意答应实验者提出的请求，为卡萝尔补课。

二、如何促进利他行为

利他行为本身所具有的亲社会性质，使得它有利于优化社会风气和社会道德，对社会的健康发展具有非常重要的意义。下面几条途径可以促进人们的利他行为。

（一）增加个体责任，避免责任分散

研究发现，当某人需要帮助时，他周围能够提供帮助的旁观者越多，他实际能够获得帮助的可能性越小，这种现象被称为旁观者效应（bystander effect）。导致这种现象的主要原因是责任扩散（diffusion of responsibility），也就是说，在突发事件中旁观者越多，人们心里的一种想法就越强烈，即"有人会帮助他，我就不必去了"。在这种情况下，增加人们对于需要帮助的情境的认识，确定人们的责任，可以增加人们的参与度，减少责任扩散现象。此外，增加群体成员间彼此的熟悉程度，或者让人们预期与求助者会再次见面，也会增加人们提供帮助的

可能。

（二）树立利他榜样

研究表明，看见其他人的帮助行为和听到其他人的助人故事，都可以提高人们的利他动机。针对儿童的研究发现，家庭成员中如果有乐于助人的榜样，那么儿童会表现出更多的利他行为。另有研究发现，观看亲社会的电视节目较之观看中性的电视节目，个体的亲社会行为（主要是利他行为）会从 50% 上升到 74%（Heraold，1986）。这些研究结果表明，树立良好道德楷模，积极宣传利他行为，可以促进整个社会的助人风气。

（三）增加助人的内部动机

前面的章节中曾经提到，当对一种行为给予过度的奖赏时，个体可能会将行为归因为奖励这一外部反馈而非内部动机，因此奖励人们本来就喜欢做的事情反而会削弱其内在动机。将这一原理应用在利他行为上，我们可以得到如下推论：如果人们的助人行为原本来自于内部动机，我们不应给予其过度的奖励，而应该适当给予积极的反馈，增加他们从助人行为中得到的快乐。巴特森等人（1978）就发现，大学生在没有报酬也没有潜在社会压力的条件下，如果答应帮助别人的话，会产生最为强烈的无私感。在另一项实验中，研究者请学生抽出时间参与一项社会服务机构的志愿活动，结果发现，在那些认为自己的助人行为仅仅是顺从研究者要求的学生中，只有 25% 的人报名；而那些认为自己是富有同情心的学生中，有 60% 的人报名。也就是说，当人们疑惑“我为什么帮助别人”的时候，如果能够提供适当的情境或反馈，让他们认为“因为有人需要帮助，而我又是一个有爱心、乐于帮助和奉献的人”，就会极大地促进人们的利他行为。

三、攻击行为

攻击（aggression）又称侵犯，指任何以伤害他人为目的而实施的行为。攻击是社会关系中最具破坏性的力量，在社会、家庭、学校以及各种社会情境中，人们经常可以发现形形色色的攻击行为，大到国家之间的冲突战争，如第二次世界大战、“9·11”事件和日益猖獗的国际恐怖组织活动，小到人与人之间的侵犯、攻击，如吵架、斗殴、破坏物品及虐待他人或动物等，这些都可以统称为攻击行为。人类所具有的攻击行为是令人惊愕的，据估计，截至第二次世界大战结束时的 125 年间，共有 5 800 万人被杀害，即平均每分钟就有一个人被杀。

攻击行为对人类的伤害是巨大的，但无论人们怎么努力，攻击行为也不会销声匿迹。攻击行为为何如此普遍，产生攻击行为的原因是什么呢？由于攻击行为的复杂性，心理学领域解释其产生原因的理论很多，这些理论总体上可以分为三类：本能论、挫折—攻击理论和社会学习理论。

著名的习性学家洛伦兹（Lorentz，1966）是本能论的支持者，他认为，攻击是人和动物的一种好斗的本能，它同喂食、逃跑、生殖一起共同构成了人类和动物的四大本能系统。人和动物的攻击驱力来自有机体内部，与外界刺激无关，随着个体的攻击能量在有机体内不断积累，达到一定水平后就要通过适当的争斗予以释放，从而引发攻击行为。动物界的攻击行为主要发生在三种情况下：一是维护社会等级秩序，二是为了保护领地，三是为了争夺资源。这说明攻击行为是与生俱来的为保存生命而不可缺少的一部分，它的释放具有生物学的价值。

挫折—攻击理论认为，人类的攻击行为不是来源于攻击本能，而是来源于挫折。挫折是任何妨碍个体获得快乐或达到预期目标的外部刺激。这一理论的提出者心理学家多拉德（Dollard，1939）认为："攻击的发生总是以挫折的存在为必然前提。"当人们遭遇挫折时，最常见的攻击形式是直接的身体的和语言的攻击，一旦直接的攻击受到阻碍或抑制，如挫折的来源即攻击的对象不在身边或害怕攻击之后自己会受到惩罚时，人们就会替代性地攻击其他目标。这一理论后来受到了质疑，因为一些研究发现，挫折和攻击之间并不存在必然的因果关系。后来，伯科威茨（L. Berkowitz，1967）修正了挫折—攻击理论。他认为挫折并不直接导致攻击，它只是为攻击行为的实际发生创造了一种唤醒或准备状态。

社会学习理论的提出者是著名心理学家班杜拉（1983）。他认为，人类并非生来就有一个固定的行为模式库，一切行为方式都是后天学习的结果，攻击行为也是如此。他通过研究儿童的攻击行为，提出了攻击行为的两种学习途径：一是直接学习，儿童实际参与打架、斗殴等冲突行为是儿童习得攻击行为的重要途径，这种直接学习的显著特点是行为的后果对儿童产生即时强化，儿童通过亲身体验自己采用的不同攻击方式所产生的不同后果，便逐渐认识到攻击行为是应该表现还是应该抑制；二是观察学习或模仿，通过观察榜样的行为及其结果在替代经验的基础上获得攻击行为，如一个幼儿看到别的小朋友通过武力从同伴手中抢到了玩具，他也很可能表现出类似的行为。班杜拉还指出，攻击行为的获得和保持有三种强化机制，分别是外部强化、替代强化和自我强化。外部强化指对观察者所表现出的模仿行为进行直接强化；替代强化指观察者看到榜样行为受到强化，如同自己受到强化一样，这是一种间接的强化方式；自我强化是指个体依据自己内在的标准，借助于反馈信息进行自我评价，进而进行自我奖励或自我批评，实现自我调节。

四、如何减少攻击行为

攻击行为是人类面临的一个重要的社会问题，社会需要花费大量的精力来控制暴力事件。以下介绍几种减少攻击行为的方法，需要强调的是，每个方法本身都有一定程度的风险，在使用时需要结合实际情况慎重选择。

（一）利用惩罚减少攻击行为

按照社会学习理论，假如人们预期自己的行为可能遭受惩罚，则会避免表现攻击行为。所以，适当增加对攻击行为的惩罚可以对攻击行为起到一定的抑制作用。但需要强调的是，惩罚对攻击行为的抑制作用往往只是暂时性的。此外，还有研究发现，经常受到惩罚的儿童，会比普通儿童表现出更多的攻击行为。比如，施特劳斯等人（Straus et al，1980）系统地研究了家庭暴力的社会影响，发现家庭暴力行为可能由上一代传递给下一代，因为模仿，惩罚会使受惩者更具攻击性。因此，针对孩子的攻击行为，一定要慎重使用惩罚的手段，否则很可能会适得其反。

（二）降低挫折与学习抑制自己的侵犯行为

由于侵犯行为与挫折有着密切的联系，所以通过降低挫折来减少侵犯行为也是一个较好的方式。在生活中我们应该常常注意自己的言行，不要成为他人的挫折制造者。同时，我们还要学习对自己的侵犯行为加以抑制或控制，我们可以设身处地地从对方的立场出发，看看自己的行为到底会给他人造成什么样的危害。体验一下他人的痛苦，并通过自我意识反省自己，都能有效地减少攻击行为。

（三）替代性攻击与宣泄

人们经常受挫折和烦扰，但由于对方的权力太大等许多原因而不能加以报复，在这种情况下，个体可能以其他方式对另一目标表现出攻击行为，这种现象被称为侵犯转移或替代性攻击。宣泄（catharsis）是减少攻击行为的另一个有效途径。早在20世纪初，弗洛伊德就发现当神经症病人把积压在内心深处的一些欲望诉说给他听后，病情会得到好转。后来，有心理学家将这一原则用于应对攻击行为上，他们发现，只要提供场合或机会，让那些遭受挫折的人把自己的愤怒和挫折发泄出来，他们进一步侵犯的动机就会减弱。

【建议参考资料】

1. 皮特里，戈文. 动机心理学［M］. 郭本禹，译. 西安：陕西师范大学出版社，2005.

2. 阿伦森. 社会心理学［M］. 侯玉波，译. 北京：中国轻工业出版社，2007.

3. 迈尔斯. 社会心理学［M］. 张志勇，译. 北京：人民邮电出版社，2006.

4. 泰勒，佩普劳，希尔斯. 社会心理学［M］. 谢晓非，乐国安，侯玉波，等，译. 北京：北京大学出版社，2004.

5. 侯玉波. 社会心理学［M］. 2版. 北京：北京大学出版社，2008.

【问题与思考】

1. 请通过社会唤醒效应解释社会促进和社会抑制效应。
2. 归属需要的产生原因有哪些？
3. 简述攻击行为的三种主要理论。
4. 举例说明如何利用从众和服从促进人们的有益行为。

第八章 积极情绪的动机作用

【本章提要】

生活中，你一定有过这样的体会：当心情愉悦时，你会感到充满活力，此时的你头脑灵活，思维敏捷，随之而来的是强烈的行动意向，表现为愿意与别人接触并敢于尝试新鲜事物；相反，当心情低落时，你通常会感到身心疲惫，此时的你思维迟缓，不愿意活动，对周围的人和事物也缺乏兴趣。由此可见，情绪对于人们的行为和行为倾向有着十分重要的影响。那么，这种影响的心理机制是什么？如何通过改变一个人的情绪来改变他的动机？有哪些途径能够促进人们的积极情绪？本章将围绕这些问题展开讨论，首先介绍积极情绪的概念、种类以及积极情绪与动机的关系，然后详细阐述积极情绪的核心理论——拓展—建设理论及相关的实验证据，最后给出增强积极情绪、激发正向行为的具体方法。

【学习重点】

1. 掌握积极情绪的概念和种类。
2. 理解积极情绪的一般激活功能。
3. 了解积极情绪与内驱力和金钱之间的关系。
4. 理解积极情绪与内部动机的关系。
5. 掌握积极情绪的拓展—建设理论。
6. 了解运用相关原理促进积极情绪的方法。

【重要术语】

积极情绪 内部动机 沉浸体验 感官刺激 享乐主义 拓展—建设理论 拓展作用 建设作用 撤销作用

第一节 积极情绪与动机

一、积极情绪概述

积极情绪（positive emotion）是指个体由于体内外刺激或事件满足自身需要而产生的伴有愉悦感受的情绪。积极情绪的概念是相对于消极情绪而言的，在心理学研究中，对这两种情绪的划分有两个不同的标准，分别是效价和动机。从效价的角度上讲，积极情绪是指具有正向效价的情绪。例如，积极心理学家弗雷德里克森（Barbara Fredrickson）认为，积极情绪是个体对有意义的事情的独特反应，是一种暂时性的愉悦。情绪的认知理论认为，积极情绪就是在目标实现过程中取得进步或得到他人积极评价时所产生的感受。但从动机的角度来看，积极情绪不一定是具有正向效价的情绪，而是指能激发人产生趋近行为或动机的一类情绪。按照这种标准，一些价值中性化的情绪也会被认为是积极情绪。例如，从效价上看，兴趣是一种中性情绪，但当我们对某人或某物感兴趣时，会产生趋近的行为或行为倾向，因此从动机上看，兴趣就是一种积极情绪。由于从动机角度对情绪进行划分更具操作意义，便于在研究中进行控制，因此这种方法为更多的心理学家所接受。

积极情绪包含有不同的种类，著名的积极心理学家塞利格曼（Martin Seligman）在《真实的幸福》一书中将积极情绪分为三类，分别是与过去、现在和将来有关的积极情绪。其中与将来有关的积极情绪包括乐观、希望、自信、信仰和信任等。与过去有关的积极情绪包括满意、满足、尽职、骄傲和安详等。与现在有关的积极情绪可以分为两类：感官愉悦和心理享受。从动机的角度来看，感官愉悦（sensory pleasure）是来源于自我机体平衡状态的保持，是人在消除紧张压力后感觉器官放松的结果，如饥、渴、性等生理需要得到满足后的体验就属于感官愉悦。心理享受（psychological pleasure）则来自对个体固有的某种自我平衡的打破，即超越了个体自身的原有状态，如运动员创造新的纪录，艺术家达到更高的表演境界等。

从具体的情绪体验内容上看，积极情绪主要包括快乐、宁静、满意、兴趣、自豪、感激、希望和爱等，这些情绪的具体定义如下。

快乐：指当情境被评价为安全和熟悉的，或者个人目标取得进步和实现时而产生的情绪感受。

宁静：周围的环境安全且熟悉，自身不需要付出太多努力的时候出现的一种聚精会神的状态。

满意：指被他人接受和关爱所引起的感受。

兴趣：指当个体的技能与外部挑战相匹配时产生的愉悦与趋近感，兴趣会增加人的探索欲望。

自豪：当目标成功实现或被他人评价为成功时产生的积极的体验，自豪能够促进人的成就动机。

感激：以积极主动的方式对别人进行回报时的感受，是一种交织着由衷的喜悦和赞赏的愉悦体验。

希望：相信事情能够转好的信念，它能激励个体发掘自己的潜能和创造力，从而扭转不利局面。

爱：一种内容丰富的积极情绪，当上述这些积极情绪混合在一起并与一种安全并且亲密的关系相联系时，人们就感受到了爱。

想了解自己的积极情绪有多高吗？表 8－1 是一个积极情绪和消极情绪测验，里面包含了许多描述不同感觉和情绪的词汇，请在每个词汇前面的空格内填入最符合你的数字，最终的计算结果可以反映你当下的积极情绪水平。

表 8－1 积极情绪和消极情绪测验

1．很少或几乎没有 2．有一点 3．中等 4．很多 5．非常多	
________兴趣盎然（PA）	________生气（NA）
________分心（NA）	________警觉（PA）
________兴奋（PA）	________羞耻（NA）
________不爽（NA）	________激励（PA）
________坚强（PA）	________紧张（NA）
________罪恶感（NA）	________决心（PA）
________恐惧（NA）	________注意（PA）
________敌意（NA）	________神经质（NA）
________热情（PA）	________主动（PA）
________骄傲（PA）	________害怕（NA）

注：计分的方式是将 10 个积极情绪（PA）项目的得分，以及 10 个消极情绪（NA）的分数加起来，你会得到两个 10—50 的分数。

二、积极情绪与动机

在心理学中，情绪与动机是两个关系非常密切的概念，情绪的定义中就包含着“一种行动的冲动”。也就是说，一旦你有了情绪，也就有了动机。例如，害怕产生逃跑的动机，兴趣产生接近的动机。在此，我们将分别从几个不同角度探讨积极情绪与动机之间的关系。

（一）积极情绪的一般激活功能

从进化的意义上讲，情绪是有机体由于适应环境而被赋予或设置的功能。一般来说，消极情绪是在应对具有生存威胁的环境中逐渐进化而来的，通常与特定的行动趋势相联系，例如，愤怒生成攻击欲求，恐惧产生逃离欲求，厌恶引发回避欲求等。由于这些特定的行动趋势对于个体应对外部的危险和挑战是必不可少的，所以单从这一点上看，消极情绪似乎对于人类的生存具有更为重要的意义。

尤其是在人类早期，我们的祖先生活在一个生命受到严重威胁的恶劣环境中，消极情绪所产生的行为或行为倾向具有很好的保护作用，它能使个体得到最直接的利益——生命得到保存。

但从更为漫长的人类进化历程来看，积极情绪的适应意义表现得更为突出。研究证据表明，积极情绪会产生一种一般的行动激活，即接近或趋近倾向。在积极情绪状态下，个体倾向于趋近和探索新颖事物，保持与环境之间的互动。此外，积极情绪还与特定的行动倾向相联系，如快乐产生游戏、冲破限制、创新的动机；兴趣产生探索、掌握新的信息和经验，并在这个过程中促进自我发展的动机；满意产生保持现有的生活环境和把这些环境和自我以及社会的新观点融为一体的动机；自豪产生想与他人分享成功和求得在将来取得更大成就的动机；爱产生想再次与所爱的人一起游戏、探索的动机等。从进化适应的角度上讲，积极情绪的这些激活功能可以扩充人类的生理、心理和社会资源，从而增加人类生存繁衍的几率。比如，嬉戏（playful mindset）是受快乐情绪驱使的一种行为倾向。生态学研究表明，高等生物在与自己年龄相仿的同伴嬉戏玩耍的过程中，能够有效形成自己的社会联结，获得友谊，积累社会资源。这些积累下来的社会资源在增加个体生存概率的同时，还能促进其获得更高的社会成就。再比如，与宁静情绪相关的沉思行为（contemplative mindset）。人类区别于其他动物的一个显著特征就是具备从先前的经历中获得学习经验的能力，但如果缺少了宁静的状态，人类就很难通过反省式的沉思过程来获得经验。

基于此，我们可以说，消极情绪使人类社会得以保存，而积极情绪使人类社会得以发展。由于现代社会中生存环境的安全性已大大提高，因此积极情绪对当前人类的发展意义就显得更为重要了。

（二）积极情绪与内驱力

内驱力是有机体内部因某种缺乏导致的一种内部不平衡状态，表现为生理冲动和生理要求，它具有激起行为的作用。由于内驱力对人和动物的生存具有非常重要的意义，因此很多积极情绪的体验是与能够满足内驱力的外部的感官刺激相联系的。野外游玩时闻到宜人的花香，定会让人身心愉悦；饥肠辘辘时如果能够美餐一顿，心情也必然会大好。

积极情绪与内驱力的这种密切联系催生了动机领域的一种享乐主义观点，其核心就是“人类的天性是趋乐避苦，所以我们的行为主要动力就是为了获得最大的感官快乐”。基于这一观点，生理学家特罗兰（Troland，1932）将外部的感官刺激分为三类：积极刺激作用、消极刺激作用和中性刺激作用。当感官刺激唤醒快乐情感时，就会产生积极刺激作用；当刺激唤醒了不愉快的情感时，就会产生消极刺激作用；当刺激引起的情感既非快乐，也非不快乐时，中性刺激作用就出现了。一般来说，能产生积极作用的刺激包括性、甜味、香味、适度的咸和酸以及一些机体内部反应等；而产生消极作用的刺激包括痛觉、苦味、寒冷、口渴和饥饿等。

需要强调的是，虽然适度的感官刺激能够带来积极情绪体验，但不能过分夸大它的作用。首先，感官刺激所带来的积极情绪持续时间往往很短。研究者发现，外部刺激能够引发人们的愉快感受，主要是因为它们会促进脑内分泌一种神经递质——多巴胺。多巴胺分泌能够让人产生明显的快感，这种快感是人们寻求外部刺激的主要动力。但是，这种分泌反应在感官刺激刚刚出现时最为强烈，随着刺激的延续，多巴胺的分泌水平会持续下降，快感也会迅速消退。想象一下你在酷热难耐时品尝第一口冰淇淋时的感受，这种感受是否会一直持续到你把整支冰激凌吃完？其次，人们对于感官刺激所引发的快乐具有很强的适应性。也就是说，如果刺激反复出现的话，它能引发的积极情绪强度会越来越低。举一个现实的例子，20 世纪 80 年代初期，当电视机刚刚在中国普及时，全家人围在一起看小屏幕的黑白电视也有着无穷无尽的乐趣。但到了现在，人们即使坐在舒适的电影院里，看着巨大屏幕上播放的 3D 电影，乐趣也不一定有那么多了，人们的感官已经因为外部刺激的不断升级而变得越来越麻木了。

（三）积极情绪与内部动机

如果人们做某种事情是因为从事这些活动会开心或可以避免一些不愉快的处境，那么进行这种活动的动机就是外部动机。例如，一些人之所以努力工作，是为了赚钱，或是为了得到好评，或是为了避免挨批评，这时他们的工作动机就属于外部动机。内部动机是指人们对某些活动感兴趣，从活动中得到了满足，活动本身成为人们从事该活动的推动力。例如，运动员参加体育比赛，不是为了获得奖牌而是为了从运动中得到快乐；学生学习不是为了得高分，而是为了探究知识的奥秘。

积极情绪与内部动机的关系怎样呢？积极心理学家西卡森特米哈伊（Mihaly Csikszentmihalyi）曾对这一问题进行过系统的研究。他通过细心的观察发现，一些艺术家在绘画过程中常常可以废寝忘食、专心致志，始终表现出极大的兴趣和坚持性，而一旦完成了自己正在从事的活动（如画完画）之后，这些人马上就会失去对原来从事活动的兴趣和坚持性，与之前判若两人。西卡森特米哈伊想知道，到底是什么东西在激励着这些艺术家们如此执著地工作。他发现：首先，在这一过程中没有任何的外在奖励能促使他们进行这一行为，因为他们中几乎没有人想通过绘画来获得金钱或名气；其次，作品本身也不是促使他们努力工作的动机，当完成作品之后，许多人就随手把自己的作品扔在角落里，再也不去管它。他们的行为动机到底来自于何处呢？西卡森特米哈伊对此作出的解释是：这些人从事绘画活动完全是出于内部动机。与那些受外部动机驱使而绘画的人不同，这些受内部动机驱使而从事绘画的人，会在绘画过程中体验到更加强烈的兴趣、兴奋和自信等积极情绪。而这些积极情绪的体验会反过来激励他们发挥出更高的水平、表现出更强的耐力和更大的创造性。

西卡森特米哈伊由此提出了一个新的积极情绪类别——“沉浸”（flow，国内也有学者将其翻译为“心流”或“流体验”）。沉浸是指对某一活动或事物表现出浓厚的兴趣并能推动个体完全投入其中的一种积极情绪体验，这是一种包含愉快、兴趣等多种情绪成分的综合情绪，而且这种情绪体验是由活动本身而不是任何外在其他目的引起的。生活中，读书、运动、下棋、音乐和艺术创作等是产生沉浸体验的频率较高的活动。西卡森特米哈伊概括总结了沉浸体验的七个主要特征：

1．这些活动都具有挑战性，并且需要复杂的技巧；
2．意识和行为合二为一，整个过程非常流畅；
3．清晰的目标和及时的反馈；
4．精神高度集中于眼下的活动，完全陶醉其中；
5．强烈的驾驭感，个体能认识到自己有能力掌控自己当前所做的行为活动；
6．忘我，自我意识暂时失去；
7．时间体验失真，有时感觉时间似乎静止，几小时过去就像几分钟。

第二节　积极情绪的作用机制：拓展—建设理论

一、拓展—建设理论概述

传统的一般性情绪理论都有一个共同点，它们把各种特征的情绪状态混为一谈，忽视了积极情绪的特殊功能，这使得这种一般性情绪理论并不能为人类获得自己应有的幸福提供多少帮助。弗雷德里克森（2002）对传统的一般性情绪理论进行了发展，针对积极情绪的特定功能与作用提出了积极情绪的拓展—建设理论（the broaden-and-build theory）。这一情绪理论与动机的相关理论有着密切的联系，其基本的前提假设即来自动机领域的趋近—回避理论。它认为，每一种情绪都有自己相对应的特定行为倾向（specific action tendency），这种倾向总体来说可分为两类：一类是回避倾向，另一类是趋近倾向。其核心假设是：消极情绪一般伴随回避倾向，积极情绪则往往与趋近倾向相关。举个例子，张明刚刚考入大学，今天要去教室上第一堂课。刚一走进教室，他就听到同学们哄堂大笑。张明一个同学也不认识，也不知道他们为什么笑。他一时不知该如何是好，是找个人问问大家大笑的原因，还是若无其事地走过去，以免大家是在笑话他？动机理论认为，如果张明当时有趋近的动机，就会产生探索周围环境和获取信息的欲望，从而找人询问大家大笑的原因。如果他当时有回避的动机，就会假装什么也没发生，避免知道一些可能对自己不利的事情。拓展—建设理论推测，张明会选择哪种行为，主要取决于他进入教室时的情绪：消极情绪会诱发他产生回避行为，而积极情绪会诱发他产生趋近行为。因此，如果张明因为刚刚进入大学而兴奋不已（积极情绪），就很有可能会找个人问问大家为什么会笑，如果他本来就因为要见到很多新同学而感到十分紧张（消极情绪），那么他就很可能会选择沉默了。

当前，拓展—建设理论已被认为是关于积极情绪影响人类的认知和行为的核心理论。那么，拓展和建设的具体含义到底是什么呢？所谓的拓展和建设，实际上分别是指积极情绪的短期效应和长期效应。从短期来看，积极情绪可以拓展个体的可能行动序列（the repertoire of possible actions），进而增加其创造性；可以扩大个体的注意范围，使其能够更好地关注周围的环境和事件的发展；可以增加个体对新异刺激的兴趣和接受度。与之相对，消极情绪会限制个体的行动类别，缩小其注意范围，使其更加偏好安全的和熟悉的事物。

下面通过两个例子来说明积极情绪与消极情绪的短期效应。先想象这样一个场景，丽萨刚刚跟自己的男朋友吵了一架，惹了一肚子气，然后出去参加朋友组织的晚餐聚会。在开车去往城区的路上，丽萨在变换车道的时候差点撞上后面过来的一辆车。她对着那辆车的司机喊道："会不会开车?"事实上，她的朋友们都认为那个司机并没有做错什么，只是丽萨自己注意力不集中而已。到了城区以后，丽萨的朋友们打算换换口味，去尝试一个新的餐馆，但丽萨表示反对。她最终决定离开朋友，独自一人到经常去的餐馆吃饭，并按照以前的习惯点了一份普通的饭菜。在这个过程中，丽萨一直关注于与男朋友之间的争吵，由此产生的愤怒情绪缩小了她对周围环境的注意范围（差点撞车），同时也降低了她对新鲜事物的兴趣（拒绝新口味和新餐馆）。再想象另一种场景，这次的主角是瑞秋，她也在晚上出去参加同朋友们的晚餐聚会，但是她的心情非常好。在前往城区的路上，瑞秋轻松地驾驶着汽车，她摇下车窗，闻到了公路两旁的花丛散发出来的香气。她以前从来都没有关注过这些茂密的花丛，但今天突然被它们所吸引，甚至还中途停车下去游玩了一会。到了城区以后，她还主动向朋友们提议去尝试一家刚刚开张的新餐馆。与丽萨不同，快乐的情绪扩大了瑞秋的注意范围，同时增加了她对周围事物的兴趣和探索动机。

积极情绪的长期建设效应主要来自于短期拓展效应的积累。短期效应增加了个体的创造性、问题解决能力和决策能力，而这些能力的积累能够建设个体的社会、心理和生理资源，使得个体能够更好地应对困境，发展社会关系以及增强免疫系统。依然以丽萨和瑞秋为例，来说明积极情绪和消极情绪的长期效应。丽萨是典型的A型人格，她容易发怒，做事情缺少耐心，很多朋友因为难以忍受这些特点而远离她。爱发脾气使得丽萨经常处于较高的应激状态，肾上腺分泌活动增多，从而破坏她的免疫系统，导致她经常生病。较差的社会交往、决策能力以及不良的身体健康状况都限制了丽萨与其他人的联系，从而使她丧失了很多只有友谊才能带来的机会和社会资源。久而久之，当面临挫折时，丽萨几乎没有可以利用的支持资源来帮助自己走出困境。瑞秋则是一个乐天派，心情总是不错，整天乐呵呵的，这些特点使得她很受朋友们欢迎。与朋友间的良好友谊为瑞秋提供了重要的社会资源，她可以利用这些资源应对挫折。快乐还提高了瑞秋应对压力的能力，使得她能更加积极地解决问题。此外，好的心情改善了瑞秋的身体健康水平，她很少患病，即使生病了，也能更快地恢复。久而久之，瑞秋为自己积累和建设了重要的资源：健康的身体、良好的社会关系以及灵活的应对技巧。由此可见，积极情绪扩充了资源，扩充后的资源提高了解决问题的能力，问题的解决又能进一步强化积极情绪，这种现象被称为积极情绪的“向上螺旋”（upward spiral）（见图 8－1）。

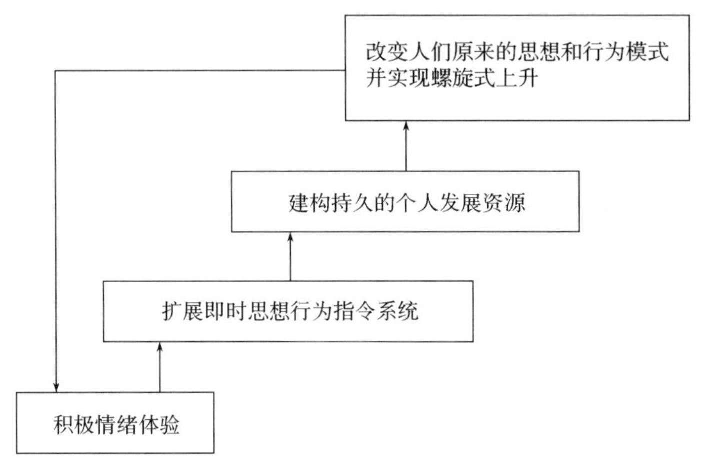

图 8－1　积极情绪的向上螺旋

二、积极情绪的拓展作用

拓展—建设理论认为，消极情绪一般会缩小个体的瞬间思维活动序列，缩小个体的认知范围，让个体在当时的情境下只产生某些特定的行为，动员个体身体能量应对特定的环境挑战。而积极情绪却能在一般条件下促使个体冲破一定的限制而产生更多的思想，能够扩大个体的注意范围，增强认知灵活性，能够更新和扩展个体的认知地图。

（一）对注意力的拓展

弗雷德里克森和同事（2005）的一项实验证明了情绪对注意范围的影响，该实验即整体—局部视觉加工任务实验。实验中，被试被随机分配到三个不同的组，通过电影片段分别诱导出积极、消极和中性的情绪。积极情绪包括快乐和满足，消极情绪包括恐惧、愤怒和厌恶。看完电影片段后，要求被试判断两个几何图形中的哪一个与标准图形（上方的图形）一致（见图 8－2）。选择没有对错之分，但不同的选择含义不同。选择左边那个图形代表被试具有整体观，选择右边那个图形则代表被试具有局部观。结果发现，诱发出积极情绪的被试，更倾向于选择具有整体观的图形，而诱发出消极情绪的被试，更倾向于选择具有局部观的图形。这样的结果表明，积极情绪扩大了人们的注意范围，使人们更加倾向于以整体性的方式加工信息。

图 8－2　整体—局部视觉加工任务

那么，积极情绪对注意的这种扩大作用会对我们的生活产生怎样的影响呢？以驾驶汽车为例，在驾校，教练通常会告诉我们，一个好的驾驶者必须具有非常广阔的视野，不能只盯着眼前的路况，还要具有一定的预判能力，这样才能有效地避免事故的发生。拓展—建设理论认为，当我们感到愉悦或者平静的时候，我们的视野会更宽阔，注意范围会更广，而愤怒和焦虑等情绪则会缩小我们的注意范围。所以，积极的情绪状态有利于我们从事运动、驾驶和操作复杂机器等对注意有较高要求的活动。

（二）对思维和行动的拓展

除了能够拓展注意外，积极情绪还能拓展我们的思维和行动。比如，一群学生讨论周末聚会的方案，当大家都不是特别兴奋时，能提出来的建议也很少。而当大家都很高兴时，就会有很多新奇的点子和想法。只要看看世界各民族在欢乐时所跳的千姿百态的舞蹈，就不难想象积极情绪对行动的拓展功能了。

弗雷德里克森等人（2005）通过实验考查了情绪对思维和行动范围的影响。他们通过电影诱发出被试积极、消极和中性三种情绪状态，然后让被试在 20 条“我想要”式样的横线上填上自己当时的真实想法，说明自己当前想要做的事情。研究者在对被试列出的清单进行统计后发现：在喜悦情绪状态下，被试平均列出了约 14. 4 条；在满意情绪状态下，列出了约 13. 5 条；在害怕情绪状态下，列出了约 9. 8 条；在愤怒情绪状态下，列出了约 8. 5 条；在没有任何积极或消极的情绪状态下，则列出了约 11. 9 条。这一结果表明，积极情绪拓展了人们思维和行动的范围，消极情绪则会缩小人们的思维和行动范围。而且这一实验结果还表明，积极情绪和消极情绪本身的不同强度（即唤醒水平的高低）对个体思维或行动的扩大或缩小功能也有着一定影响。积极情绪强度越大，其拓展功能就越大；消极情绪强度越大，其缩小功能也就越大。

现代人在日常生活中的一些现象也能从某种程度上说明积极情绪确实能拓展人类的思维和行动方式，而消极情绪则会限制人类的思维和行动方式。例如，当出现悲痛的情绪时，大多数人的行为模式基本都是相同并且可以预期的，如哭泣、沉默、收敛自己的行为而变得不愿多活动等。而当人们处在快乐或高兴的情绪状态时，行为方式却是丰富多彩、富于变化的，如游戏、跳舞、喝酒、唱歌、运动等，不一而足。

（三）对创造性的拓展

积极情绪对认知的拓展作用会使得我们的思维方式更加的灵活和具有创造性。伊森（Isen，1987）通过一系列研究考查了积极情绪对创造性的影响，在其中一项研究中，伊森通过给一组被试一袋糖果来诱发他们的积极情绪，然后让被试完成一项单词联想测验（Mednick remote associates test）。测验中，让被试想出与给定的三个单词相关的一个词，例如，给定单词为 sore，shoulder 和 sweat，被试需要想出一个词，与这三个词都有关。这个例子的正确答案是 cold，与其他三个词分别可以组合成 cold sore，a cold shoulder，a cold sweat。乍一看，这三个词似乎是完全没有关系的，因此，找到一个在概念上跟三个词都有联系的单词需要灵

活的、创造性的思维。实验发现，因为收到一袋糖果而诱发出积极情绪的被试，完成这项任务时的成绩要明显好于没有收到任何礼物的被试。可见，积极情绪明显提高了人们的创造性。

有人甚至认为，人类的艺术行为就是积极情绪拓展作用的一种直接结果。因为在应激状态下，人类只会出现一些本能性的保护行为，这种行为具有刻板的特点，很难创造出艺术。只有在积极情绪导致的拓展状态下，人类才会想到用一些不同寻常的奇特行为方式或思想来表现自己，艺术便由此产生了。很多伟大的艺术作品，都是在创作者处于兴奋、愉悦或宁静等高度积极的情绪状态时诞生的。

三、积极情绪的建设作用

拓展—建设理论认为，积极情绪能够建设个体的资源，包括身体资源、心理资源和社会资源。这些资源包括个体内的资源，如增强心理和生理恢复力，也包括个体间的资源，如增强社会联系等。

（一）建设身体资源

诸多研究证据证明了积极情绪对身体资源的建设作用。对于幼小的动物而言，玩耍行为是体现其积极情绪的最好指标。研究发现，年幼动物在玩耍时所表现出的行为与成年动物在躲避捕食者或占领地盘时的行为是类似的。比如，幼年的非洲松鼠经常玩一种叫做“躲避跳”（jinking play）的游戏，即从一棵树跳到

另一棵树上，而成年的非洲松鼠就是通过类似的方式来躲避捕食者的。幼年松鼠很有可能就是通过这种同伴间的玩耍行为，在没有威胁的情境下掌握了逃生的技巧。实际上，人类也是存在类似的现象的：孩子们不知疲倦地追逐和奔跑，除了发泄多余的精力外，还构建了自身的耐性、协调能力和肌肉力量，这些生理资源对于孩子的成长有着非常重要的意义。

积极情绪在增强免疫和抵御疾病方面也具有很重要的作用。弗雷德里克森等人（1998）的研究发现，被试在看完一部恐怖电影后，如果看宠物玩耍或浪花拍岸的视频，心率会更快地恢复到正常的基线水平。此外，被试看悲剧电影时，如果一直让自己保持微笑的面部表情，心率也会更快地恢复到基线水平。也就是说，积极的情绪或面部表情有利于抵制消极或意外事件对心血管活性的负面影响，减少应激事件对心血管的伤害。

（二）建设心理资源

积极情绪和消极情绪是不同进化任务中的神经生理系统不同成分的反映（Watson，1995）。消极情绪是行为抑制系统中驱动回避的一种成分。行为抑制系统的功能在于发动回避行为，禁止趋近行为，以便保护有机体避开可能遭遇的危险、疼痛或惩罚的处境。相反，积极情绪是行为趋近系统的一部分，这个系统促使个体接近带来愉悦的情境。行为接近系统的功能在于帮助有机体获得生存所必需的资源，如食物、住所和配偶等。趋近和回避行为都非常重要。回避行为帮助人们远离危险的情境、物体或人群，所以对生存至关重要。趋近行为则帮助人们获得关于周围环境的信息，储存下来的这些信息为人们做出更为明智的选择提供了必要的心理资源。因此，积极情绪更加有助于建设个体的心理资源，提高个体解决问题的能力。研究证据表明，生活中积极情绪体验频率较高的人，生活满意度和主观幸福感更高，人际关系更和谐，面临挫折时有更好的心理复原力。

（三）建设社会资源

积极情绪能够帮助人们发展友谊、合作关系，建设社会资源。以幼儿之间的玩耍为例，通过玩耍，孩子们可以结交朋友，发展社会技能。玩耍的过程中，他们学会了谦让、分享和换位思考，这些社交技巧不但可以帮助他们发展自己的社会关系，也为他们应对未来的学习和工作提供了必要的技能储备。此外，由于积极情绪会促近人们的趋近行为，所以处于积极情绪中的个体更愿意外出与人接触，也就有机会结交更多的朋友，拓展自己的社会网络。

四、积极情绪的撤销作用

消极情绪不但会诱发个体产生特定的行动倾向，而且会导致各种相关的生理唤醒处于一种高水平的激活，打破有机体固有的平衡状态。积极情绪通过拓展个体瞬间的认知—行为指令系统，可以减轻消极情绪对个体思维和身体的负面影响，这种效应被研究者称为积极情绪的撤销作用。实验发现，积极情绪体验能控制或延缓由消极情绪导致的各种心血管活动的激活状态，如血压上升、心跳加快等，它能迅速使心血管活动回归到正常的基准线（Fredrickson & Levenson，1998）。不管是活跃性程度较高的积极情绪，如欣喜、兴奋等，还是活跃性程度较低的积极情绪，如满足、安详等，都具有这种功能。在一项研究中，弗雷德里克森等人首先采用压力任务（告诉被试用一分钟的时间准备一个演讲，一分钟后正式演讲并由同伴进行评价）诱发被试的焦虑情绪，引起被试的心率改变和血压升高等生理反应；然后让不同组别的被试分别观看能够引发积极情绪（欢乐和满足）、中性情绪和消极情绪（悲伤）的电影片段，同时测量被试的心血管活动水平，记录心血管活动恢复到基线水平的时间。结果发现，观看引发积极情绪影片的被试心血管活动恢复速度明显快于观看中性影片的被试，而观看悲伤影片的被试心血管活动水平恢复得最慢。

积极情绪的撤销效应不仅表现在生理唤醒上，同时也表现在心理上。研究表明，消极情绪会造成狭小的思维活动序列，而积极情绪能够使思维活动序列恢复到正常的水平，那些主观报告积极情绪水平较高的个体，通常拥有更加灵活和更具建设性的应对方式，表现出更加抽象和持续的思维水平。此外，积极情绪还能缓解消极情绪造成的心理紧张，这种心理紧张会使机体处于应激状态，对人的免疫系统产生破坏作用，而积极情绪对这些负面效应的抵消作用能够有效地改善人们的身体健康水平。

第三节　增强积极情绪　激发正向行为

从上文的内容中我们可以得知，发展积极的情绪体验对个人的成长和成就有重要的意义。虽然在某些情境下，幽默的语言、微笑的表情和外部感官刺激能够直接激活我们的积极情绪，但通过这种途径产生的积极情绪往往不能持久。从现有的相关研究结果来看，通过在环境中寻找积极意义（positive meaning）的方法来培养积极情绪是更为有效的手段，寻找积极意义的途径包括设定合理的人生目标、积极应对挫折和发展行为的内部动机等。

一、设定合理目标　追求人生意义

每个人的一生都会有不同的追求，有人追求财富，有人追求权力，有人追求外表的光鲜，有人追求内心的安宁。对于那些持享乐主义观点的人来说，他们的人生目标就是寻找快乐而逃避痛苦。但这些人只是盲目地满足欲望，而从来不认真地考虑后果。眼前的事只要能让他们开心，就值得去做，直到找到更好的享乐途径。由于享乐主义者只看重眼前，短暂的快乐有时会让他们失去理智而做出某些极端的行为，比如吸毒。

享乐主义者的根本错误在于将感官的快感等同于真正的快乐。一味地追求感官快乐，人就无异于动物了。人和动物的一个主要区别就是，人不只会追求感官的享受，更会追求生活的意义，而真正的快乐往往来自于后者。比如，将人生目标定位为挣大钱、买大房子、开豪车的人，即使这些目标都实现了，他仍然会感到空虚，因为他会很快适应这些外在的东西。生活的意义往往来自于自我和谐的目标，这种目标是为了实现自我存在的价值，而不是为了满足社会的标准，或是迎合他人的期望。这些目标是自我主动选择的，而不是被强加在我们身上的；是产生于自我的愿望，而不是为了去炫耀给任何人看。追求这些目标，不是因为他人觉得我们应该这么做，而是因为它对我们有更深层次的意义，并且给我们带来快乐。

那么，什么才是真正有意义的人生目标呢？心理学家谢尔登（Kennon Sheldon）说过："对于追求幸福的人来说，我的建议是，去追求包括成长、人际关系和对社会有贡献的目标，而不是金钱、美丽和声望，对于后者的追求，通常是出于必须和压力的心态。如果我们把目标重点放在自我一致性（自我和谐）上的话，我们就会更快乐。"

追求有意义的人生，设定清晰的目标非常重要，因为没有明确的目标时，我们很容易就会被外界所影响，转而去追求那些虚幻的、物质性的目标。而清晰的目标能够有效地抵御外来因素的影响，使你积极主动地去创造属于自己的生活。设定和实现自我和谐的目标，包括以下内容。

1. 长期目标。长期目标是最基本的目标，从 1 年到 30 年都可以。这应该是一些具有挑战性的，能让你发挥潜能的目标。目标不能是物质性的，比如在 10 年内积累下多少财富或者在几年内升到某个职位等。这种目标的设立，主要是让我们能享受目标实现过程中的快乐，激发我们自身的潜力，能否实现反倒不是最重要的。

2. 短期目标。这部分是针对长期目标的分类子目标。设定短期目标时，你需要问自己的一个问题是：针对自己的长期计划，你在最近的一段时间要做什么？短期目标的实现会让你更加脚踏实地，一步一步地向长期目标迈进。

3. 行动计划。在未来的日子里，你需要做什么来帮助目标的实现呢？给自己拟订一套行程表，无论是每日的还是每周的或者是一次性的。计划一旦制订下来，就要严格地按照计划执行。遇到挫折时，应该用积极的方法去应对，而不是放弃或逃避。

知识链接：金钱能买来快乐吗？

在人类生活中，金钱不同于水、食物和性等感官刺激，它是一种典型的次级强化物，它不能直接诱发感官上的享受，所以本身并没有什么价值。但是，这并不妨碍人们对于金钱的追逐，因为它一直与能够满足内驱力的各类感官刺激相联系（金钱可以让人们获得水、食物和性等）。在当代社会，金钱在很大程度上操纵、维持和控制着人类的行为，甚至已经成为人们某些行为的首要动机。那么，金钱是否能够买来快乐呢？从现有的研究结果来看，答案似乎是否定的。自1957年之后的40年里，美国人的平均购买力增加了两倍多，随之而来的，他们也享受了更多的物质财富：汽车、电视、手提电脑、空调和手机的人均拥有量出现了成倍的增长。遗憾的是，尽管美国人变得更加富有了，但他们并没有更快乐。调查结果显示，1957年，有35%的人说他们很快乐，然而到了2002年，这个数字却略有下降，只有30%。

与其说是金钱，还不如说是对于金钱的欲望在影响人们的快乐。有些富人总觉得自己的钱不够用，也有些收入一般的人觉得自己所拥有的财富足够了。这说明，随着财富的不断增加，人的欲望也可能随着时间的推移不断膨胀。研究表明，那些为了物质和财富而拼命奋斗的人，其幸福感普遍偏低。特别是那些赚钱的动机是为了证明自己、获得权力或者炫耀本人才干，而不是为了维持家庭的人，幸福感更低。而那些为了亲人、个人成长和对社会作贡献而奋斗的人，常常体验到更高的生活质量。另外有研究发现，那些非常快乐的大学生并不是因为有钱，而是因为他们有着丰富和令人满意的人际关系。

二、培养乐观思维　积极应对挫折

人生不如意事十之八九，挫折是每个人在成长过程中必须要面对的。当人生出现挫折时，人们应对的方法基本上可以分为三种：积极面对（直接采取行动解决问题）、重新评估（先把自己的思路理清，再找出对自己有利的做法）和逃避（否定或逃避事件的发生，或通过酒精、毒品等麻醉和压抑自己的情绪反应）。研究发现，具备乐观特质的人会发展出一套积极的应对方法，会倾向于采用积极面对和重新评估的方法。因为乐观的人期待自己的努力会有成效，所以他们会马上行动以求解决问题。即使努力失败了，他们也不会因此一蹶不振，他们会寻找失败的原因，不断克服逆境，获得创伤后成长。相反，悲观的人总感觉周围的世界充满威胁，对自己面对逆境的能力也不太有信心，所以他们会发展出一套以逃避或其他心理防卫机制为主的逆境应对之道。由于他们将努力的重心放在如何控制自己内心的痛苦，而非解决外在的问题上，所以问题只会更加恶化。

任何人都能从逆境中获益，只不过悲观的人需要有意识地采取一些步骤，通过自我来引导心理慢慢走向积极的状态。这种引导包括如下三种途径。

1. 培养乐观思维。如果你是个悲观的人，在碰到逆境之前，先尝试改变自己的认知方式，这可以提高你应对逆境的能力。通过认知—行为疗法来摆脱负面思考的限制，改用积极正面的思考方式，可以让悲观者更加勇敢地面对未来的逆境，找出逆境的意义，从中获得成长。

2. 发展社会支持网络。不管是大人或小孩，只要有一两种良好的亲近关系，就能帮助他们面对人生的威胁与挑战。如果有值得信任的朋友愿意倾听，也能帮助我们理清并找出事件的意义。

3. 积极的反思。心理学家彭尼贝克建议，一旦人生出了问题，事件发生的几个月后，一定要亲自写下自己的感受。每天持续写 15 分钟，连续写几天。不要去改写内容，也不用管语法或句式对不对，放手去写就行了。重点就是把自己的想法及感受原原本本地表达出来，就算内容杂乱无章也没有关系，因为连续几天下来，你所写的文章内容自然就会乱中有序。通过这些内容，我们要好好回答两个问题：这个事件为什么会发生？我自己能从中汲取哪些好的教训？通过这种训练的方法，我们可以反思挫折的经历和教训，从挫折中找到积极的意义。

三、发展内部动机 增加沉浸体验

前文提到，我们做事情的动机有两类，分别是内部动机和外部动机。从这个角度上，我们可以将自己做的事情分为两类：一类是自己想做的事情，另一类是自己不得不做的事情。当我们的行为是来自外部动机，比如说被声望、欲望、责任或是恐惧所胁迫时，就会感觉到这类事情是自己不得不做的。在做这些事情时，我们通常是感觉不到快乐的。而那些源于内部动机的事情，才是我们真正想做的事情，也是能给我们带来最大快乐的事情。

事实上，内外动机的划分并不是绝对的。很多时候，即使是相同的事情，不同人去做也可能是源于不同的动机。比如，有人画画是为了养家糊口，有人画画则是因为乐在其中；有人学医是因为觉得医生有很高的社会地位，而有人学医则是觉得治病救人能让自己的人生变得更有意义。做事情是出于内部动机还是外部动机，往往会直接影响到人们在做事情时的情绪体验。一个因为父母压力而学弹钢琴的孩子，往往无法在其中找到长久的快乐；相反，如果是基于对音乐的热爱而学习钢琴的话，他一定会沉浸其中，从中获得极大的快乐。

如果我们知道什么样的学习任务和学习材料能够激发学生的内在学习动机，什么特性的工作能够给员工带来内在的满足，我们就可以找到调动学习和工作积极性的有效途径。那么，怎样才能增加内部动机，促进沉浸体验的产生呢？哈克曼和奥尔德姆（Hackman & Oldham）认为，有五种工作特性能够引发人们的内在动机：

1. 技能多样性，即从事需要多种技能、有一定挑战性的工作，发展营造特定的沉浸体验所需要的复杂技能；

2. 任务多样性，即工作内容比较丰富，而不是单调乏味的工作；

3. 任务的重要性，即工作有意义，对别人或社会有影响；

4．自主性，即工作者在工作中能够自己做主，对工作结果负责；

5．回馈性，即人们能够及时知晓工作的结果。

如果能够在工作和学习中更多地加入上述元素，就能够让人们感受到所做的事情是富有意义的，从而给其带来更多内在的满足感。

【建议参考资料】

1．弗兰肯．人类动机［M］．郭本禹，译．西安：陕西师范大学出版社，2005.

2．皮特里，戈尔．动机心理学［M］．郭本禹，译．西安：陕西师范大学出版社，2005.

3．塞利格曼．真实的幸福［M］．洪兰，译．北京：万卷出版公司，2010.

4．FREDRICKSON B．Positivity［M］．New York：Crown Publishing Group，2009.

5．CSIKSZENTMIHALYI M．Flow：the psychology of optimal experience［M］．New York：Harper Collins Publishers，2008.

6．任俊．积极心理学［M］．上海：上海教育出版社，2006.

【问题与思考】

1．如何从动机角度阐述积极情绪概念？

2．积极情绪与内驱力的关系是什么？

3．积极情绪的拓展作用体现在哪些方面？

4．什么是内部动机？举例说明为什么内部动机能提高行为者的积极情绪体验。

第九章　调节定向及调节模式的动机作用

【本章提要】

人类与动物的重要区别之一是具有自我意识，以及以自我意识为基础的自我调节能力。自我调节涉及目标和过程两个方面，前者是方向的确立，后者是方式的选择。在自我调节活动中，你较为关注何种性质的目标和结果，是积极的（比如收益）还是消极的（比如损失）？你更倾向于以何种方式进行自我调节，是谨慎比较、反复权衡，还是说干就干、毫不犹豫？这些问题所涉及的就是本章即将介绍的调节定向和调节模式。

【学习重点】

1. 了解调节定向及调节模式的含义。
2. 理解促进定向与预防定向的区别。
3. 理解运动模式与评价模式的区别。
4. 理解基于调节定向或调节模式所达成的匹配具有何种效应。

【重要术语】

调节定向　促进性调节定向　预防性调节定向　调节模式　运动性调节模式　评估性调节模式　调节匹配

第一节　希金斯及其自我调节理论

古人有云："十年寒窗苦读日，今朝金榜题名时。"每年的6月7日、8日被大家戏称为"国考日"，虽然不能绝对地认为高考会决定人的一生，但是它对人生的影响仍不可小觑。正因为如此，教师们千方百计想提高学生的成绩，而家长们更是从孩子出生起就开始规划孩子的将来，望子成龙、望女成凤。

希金斯（E. T. Higgins）

众所周知，学习效果不仅取决于智力，也与动机密切相关。如前所述，研究者们从很多不同的角度对动机展开了探讨，比如归因、成就目标等，而本章将从动机领域的一个新热点——希金斯的自我调节理论体系来阐述他和同事们对于动机的理解。

希金斯（E. T Higgins）生于1946年，1973年毕业于哥伦比亚大学，并获得博士学位；1980年受聘于纽约大学，期间受委托建立了社会/人格心理学院，主要从事社会认知领域的研究。1989年希金斯回到哥伦比亚大学，目前为哥伦比亚大学心理学教授、哥伦比亚商业学院管理学教授。希金斯教授研究兴趣广泛，其研究领域涉及社会认知、自我和情感、动机和认知以及社会发展。其中最著名的是自我差异理论以及基于此而发展起来的自我调节理论体系。

希金斯的自我调节理论体系主要包括调节定向理论（regulatory focus theory）、调节模式理论（regulatory mode theory）以及基于这两个理论而建立的调节匹配理论（regulatory fit theory）。本章将分两节介绍调节定向理论和调节模式理论，并在这两节中对相应的调节匹配效应进行介绍。

第二节　调节定向理论

一、调节定向理论概述

（一）调节定向的含义和分类

人的一生之中有无数的目标，每个人实现目标的方式各有不同。个体为达到特定目标会努力改变或控制自己的思想、反应，这一过程即为自我调节。希金斯将个体在实现目标的自我调节过程中所表现出来的特定倾向称为调节定向，并将其区分为两种类型，即促进定向（promotion focus）和预防定向（prevention focus）。促进定向主要是为了满足人的提高（advancement）需要，与个体的成长、发展和培养等有关；预防定向是为了满足人的安全（security）需要，与保护、免受伤害、责任等有关。例如，两个学生都想参加课外培训，但其中一人是将课外培训视为开拓知识视野的机会，另一人则将其视为不落在别人后面的手段，在这里，第一个人是促进定向，而第二个人则是预防定向。又如，两个人都想获得好的人际关系，但一人更关注如何加强社会联络（结识更多的人），另一人则更关注如何避免社会排斥（不被边缘化），那么，前者是促进定向，后者则是预防定向。

（二）促进定向与预防定向的区别

调节定向理论认为，不同调节定向的个体具有不同的调节目标，在执行任务过程中具有不同的关注重心，会采用不同的行为匹配策略，目标实现与否所导致的情绪也不同。促进定向的个体所期望的目标状态为抱负和完成，他们做出某一行为是为了追求成就和自身的提升，更关注理想自我（ideal-self）以及目标追求过程中有没有积极结果，与之对应的是与喜悦—沮丧有关的情绪；而预防定向的个体所期望的目标状态为责任和安全，他们行为的原因是追求一种安全的感觉以及完成责任的心态，更关注应该自我（ought-self）以及目标追求过程中有没有消极结果，与之对应的是与放松—愤怒有关的情绪。例如，对于提高学习成绩这一目标，促进定向的学生会将其表征为改进学习方法，如果成功了，就会感到喜悦，如果没有成功，就会感到沮丧；预防定向的学生将其表征为消除影响学习的因素，如果不能消除，就会感到愤怒，如果消除了，就会感到放松。

下面我们对两种调节定向进行一下比较，如表9-1所示。

表9-1 促进定向与预防定向个体在目标追求过程中的不同特点

	促进定向	预防定向
调节目标	理想目标，如愿望、抱负等	应该目标，如责任、义务等
关注点	成长、进步、成就	安全、保险
行为策略	追求、接近渴望的结果	预防、回避非渴望的结果
关注的结果效价	积极结果的存在与否 （获得—未获得）	消极结果的存在与否 （未损失—损失）
情绪体验	愉快/沮丧	放松/愤怒

（三）特质性调节定向与情境性调节定向

调节定向是个体实现目标过程中所表现出来的方式，那么这种方式是如何形成的？是稳定一致的还是不断变化的？研究表明，个体的调节定向有长期和短期之分，长期的调节定向是指个体在成长过程中逐渐形成的、比较稳定的、类似于人格特质的自我调节方式，即特质性调节定向；而短期的调节定向是由某种情境中信息线索引起的、短暂的自我调节方式，即情境性调节定向。

特质性调节定向的形成与父母的教养目标有关。在儿童的成长过程中，父母可能会采取两种不同的养育目标：促进性目标和预防性目标。促进性目标与孩子的进步、愿望和抱负有关，如为孩子创造一个支持性的环境和积极向上的氛围，满足孩子的愿望等。而预防性目标则与保护、安全和职责有关，如保护孩子不受欺负，预防疾病等。那么，在这两种截然不同的养育目标下，儿童就会形成两种性质不同的自我调节系统：促进性自我调节和预防性自我调节。由于父母教养目标的侧重点不同，以及儿童在成长过程中实现理想目标和应对目标的成败经验不同，个体会逐渐倾向于使用其中一种调节系统，逐渐形成某种调节定向（促进定向或预防定向），即特质性调节定向。例如，如果父母长期强调孩子的进步，关注孩子成长需要的满足，如通过赞扬、奖赏等方法鼓励孩子追求理想、进步，提供支持性的环境让孩子独立自主地实现自己的愿望，那么孩子就更可能形成促进性自我调节定向；如果父母长期强调对孩子的保护，不让孩子冒险，避免受到伤害，通过批评、警告等方式教育孩子要履行义务、遵守规则，那么孩子更有可能形成预防性自我调节定向。

二、调节定向的测量与诱发

（一）特质性调节定向的测量

因为特质性调节定向是类似于人格特质的稳定的调节方式，所以主要采用问卷调查的方式进行测量。到目前为止，研究者开发了自我问卷（Higgins, Roney, Crowe & Hymes, 1994）、调节定向问卷（Higgins et al, 2001）和一般调节定向测量（Lockwood, Jordan & Kunda, 2002）。

自我问卷通过被试报告的自我状态特征来计算自我差异的大小，进而用占主导的理想型自我差异（指在追求理想目标时，理想自我与现实自我之间的差距）代表促进定向，用占主导的应该型自我差异（指个体在履行应该目标时，应该自我和现实自我之间的差距）代表预防定向。例如，施皮格尔等人（Spiegel et al, 2004）让被试分别列举出体现理想自我和应该自我的特征项目，然后分别评定这两类特征项目与自己现实的符合程度，以及理想或应该达到的程度，分别得出理想自我—现实自我和应该自我—现实自我的差异得分，即理想自我差异分数和应该自我差异分数。若理想自我差异的得分高，个体就属于促进定向；若应该自我差异的得分高，个体就属于预防定向。

调节定向问卷通过个体在促进/预防定向方面的主观成败经验来测量调节定向。该问卷包含 11 个题目，两个分问卷。其中，预防定向分问卷包含 5 个题目，是对消极结果的预防，如“你经常遵守你父母定下的规矩和命令吗”（有效的预防），“由于不认真，我经常陷入麻烦中”（无效的预防）；促进定向分问卷包含 6 个题目，是对积极结果的促进，如“你经常完成一些能激励你更努力工作的事情吗”（有效的促进），“我几乎没有能让我全身心投入的兴趣或活动”（无效的促进）。

一般调节定向测量通过被试报告的认可促进/预防目标的程度来更直接地测量调节定向。该问卷共 18 个题目，与促进型/预防型目标相关的题目各 9 个。例如，“我经常思考如何实现自己的愿望和抱负”是与促进定向有关的，“我经常思考如何能避免失败”是与预防定向有关的。

（二）情境性调节定向的诱发

尽管每个人都存在比较稳定的特质性调节定向，但调节定向也不是不可改变的。通常情况下某种情境中所传递出的信息线索能使个体产生短期的调节定向，即情境性调节定向。那么情境中的哪些信息或线索能够调节人的短期定向呢？

研究者通过实验室内的探索，发现了三种诱发调节定向的方法，即任务框架范式、情绪诱发、自我指导类型诱发。

1. 任务框架范式

用强调有无收益的框架诱发促进定向，用强调有无损失的框架诱发预防定向。例如，克罗和希金斯（Crowe & Higgins，1997）的研究中同时出现了四种框架："如果第一个任务做得好，接下来你可以做你喜欢的任务"（强调收益的促进定向框架）；"如果第一个任务做得不好，接下来你不能做你喜欢的任务"（强调没有收益的促进定向框架）；"只要你第一个任务做得不差，你就不必做你不喜欢的任务"（强调没有损失的预防定向框架）；"只要你第一个任务做得差，你就必须做你不喜欢的任务"（强调损失的预防定向框架）。

2．情绪诱发

设定一种情境，在该情境中包含各种情绪，通过诱发某种情绪进而诱发相应的调节定向。如用包含喜悦或沮丧体验的情境诱发促进定向，用包含放松或愤怒体验的情境诱发预防定向。例如，让被试详细描写近期发生的、使自己沮丧或愤怒的经历，以此启动促进或预防定向。

3．自我指导类型诱发

还可以通过自我指导类型的操作来诱发某种调节定向，使其占主导地位。例如，让被试回忆并列举过去一段时间以来自己的生活如何受到理想和希望的支配，可以诱导促进定向；而让被试回忆并列举过去一段时间以来自己的生活如何受到义务和责任的支配，则可以诱导预防定向。

三、基于调节定向的调节匹配效应

（一）什么是调节匹配

调节定向理论认为不同的调节定向对应着不同的行为调节策略，称为调节匹配。希金斯（2000）认为，当不同调节定向的个体使用他们偏好的行为策略（如趋近策略、回避策略）时，调节匹配就会产生。

研究发现，与促进定向相匹配的是渴望—趋近策略，倾向于通过趋近积极目标的方式达成目标；与预防定向相匹配的是警戒—回避策略，倾向于通过回避消极目标的方式达成目标。

当促进定向与渴望—趋近策略之间达成匹配，而预防定向与警戒—回避策略之间达成匹配时，调节匹配就产生了。当匹配产生时，个体所使用的行为策略就会支持当前的调节定向。比如渴望—趋近策略支持与进步、成就和抱负有关的促进定向；而警戒—回避策略则支持与保护、安全、职责有关的预防定向。这种匹配具有某种动机力量，有助于个体以最佳状态实现其目标，使结果最优化。

比如，在学校里，学生都具有一个共同的目标，那就是获得优秀的成绩，成为优秀的学生；但这些学生的初衷并不相同，可以分为两类：一类学生把"得优"当做一种理想和愿望，他们是真心渴望成为优秀的学生；另一类学生把"得优"当做一种责任和义务，他们更多担心自己无法获得优秀。前一种学生就是促进定向，而后一种学生就是预防定向。这两类学生为了达到自己的目标（渴望优秀/避免不优秀）都会努力学习，但努力的方式会有所不同，也就是说，两类学生在实现目标的过程中所使用的行为策略会不相同。促进定向的学生更有可能会采用积极阅读课外材料的策略，这是一种渴望—趋近策略；而预防定向的学生则更可能采取一丝不苟地完成教师所布置的作业的策略，这是一种警戒—回避策略。当渴望获得优秀的学生（即促进定向的学生）采用积极阅读课外材料的策略（渴望—趋近策略），担心无法获得优秀的学生（即预防定向的学生）采用努力完成教师任务的策略（警戒—回避策略）时，他们就分别达成了调节定向与行为策略之间的匹配，因此对自己的行为会产生更多的“正确感”的体验，同时会产生更强的动机和兴趣，从而更可能坚持与自身的调节定向相匹配的那种行为。如此循环，这种匹配就会越来越顺畅，越来越有助于个体实现目标，他们在以后的生活中也会采用与之相匹配的策略。

在这个例子中，对所有学生而言，“得优”是他们共同的目标，该目标的实现使他们获得了完全相同的结果价值。但是在结果价值相同的前提下，匹配与不匹配状态下学生的动机强度、情绪体验、行为的坚持性等却有所不同。匹配状态下个体的动机强度更高，更容易产生快乐的情绪，在任务中所坚持的时间也更长久。这充分证明，在目标追求过程中，调节匹配所产生的作用是来自过程的、与结果价值无关的。也就是说，促进定向和预防定向并不一定存在孰优孰劣，只要采用与之相匹配的策略，二者的作用都能发挥到极致。教师在培养或诱发学生调节定向时也要依学生自身情况而定。

（二）调节匹配效应

希金斯等研究发现，调节性匹配会对人们的行为、决策产生广泛的效应，主要归纳为以下几点：1. 调节匹配状态下，人们追求目标的行为动机将增强；2. 调节匹配状态下，人们对预期结果的情绪体验更加强烈，如果预期积极的结果出现了，则情绪体验更加积极，如果预期消极的结果出现了，则情绪体验更加消极；3. 调节匹配状态下，个体对自己行为的评价和满意度更高，个体对所选物品给出了更高的价值判断。下文将详细阐述。

1. 调节匹配与动机强度

希金斯等人提出，调节匹配会产生某种动机力量，这种力量能够调节个体的行为。已有研究证明，在结果相同的情况下，当个体的行为策略与他们的调节定向相匹配时，即促进定向匹配渴望—趋近策略，预防定向匹配警戒—回避策略，个体将产生更强烈的动机执行行为。比如，在一项研究中，实验者要求被试撰写下周的计划安排。促进定向和预防定向的两组被试都被各自进一步分为两组，其中一组被诱导使用渴望策略（让被试设想并报告在什么时候、在什么地方写计划合适），而另一组被诱导使用警戒策略（让被试设想并报告在什么时间、什么地方写计划不合适），然后对比四组被试准时提交计划的情况。结果发现，两个匹配组（促进定向—渴望策略组、预防定向—警戒策略组）中，按时提交计划的人数比不匹配组（促进定向—警戒策略组、预防定向—渴望策略组）多出48%。其他一些研究也证明了调节匹配具有增强动机的效应，比如匹配组的被试在握力任务中表现出更强的身体耐力，在抵抗诱惑的任务中表现出更强的自我抑制，在猜词任务中的坚持时间更长。

2. 调节匹配与情绪体验

决策理论认为，个体对预期结果的情绪体验能够影响选择。通常情况下，当人们预期到可能产生积极结果时，就会表现出积极情绪，预期到可能产生消极结果时，就会表现出消极情绪。研究发现，调节匹配会增加情绪体验的强度。需要提醒注意的是，调节匹配只会影响情绪体验的强度，而不能改变情绪体验的性质。也就是说，无论是匹配还是不匹配的情况下，当我们预期到即将出现积极结果时，我们都会体验到积极的情绪（比如愉快），只不过在匹配的情况下，积极情绪的强度将超过不匹配的情况，也就是说匹配的情况下我们更愉快。同样的，无论是匹配还是不匹配的情况下，当我们预期到即将出现消极结果时，我们都会体验到消极的情绪（比如痛苦），但是，在匹配的情况下，消极情绪的强度将超过不匹配的情况，即匹配的情况下我们更痛苦。

3. 调节匹配与价值转移

我们经常会对事物进行有关好或坏、重要或不重要、正确或错误等价值判断，比如，这件事情好不好，这个决定是否正确。传统观点认为，这种判断主要是基于结果价值来进行的，而结果价值则涉及结果效益和结果成本两方面的衡量。结果效益包括了目标实现所获得的物质效益、社会效益和个体效益等，结果成本则包括了目标实现过程中所消耗的财物成本、个体的认知努力、情感成本以及时间成本等。从这种观点出发，简而言之，一个低成本和高效益的行为就是好的行为，或者说，一个低投入和高产出的行为就是好的行为。

然而，希金斯发现，除了这种基于结果的价值评价体系以外，还存在另一种基于过程的价值评价体系。换言之，价值判断不仅与结果有关（目标是否已达成），还与过程有关（目标是如何达成的），在追求目标的过程中，我们所采用的策略或方式可能会产生一种衍生的、附加的价值。具体来说，希金斯认为，当个体的目标追求方式支持个体当前的调节定向时，就会出现一种独立于结果价值之外的、基于过程而衍生的附加价值，他将这种价值称之为“源于匹配的价值”（value from fit）。希金斯发现，调节性匹配不仅会提高个体对自己行为的评价（如正确性和满意度），同时也提高了个体对所选物品的价值判断。他做过一个有趣的实验，在该实验中有四组被试：促进定向—渴望策略组、促进定向—警戒策略组、预防定向—渴望策略组、预防定向—警戒策略组。也就是说，促进定向组和预防定向组都被各自分配到渴望策略和警戒策略中，其中促进策略是要求被试想象自己选择某个物品时的收获，而警戒策略是要求被试想象自己如果不选择某个物品时的损失。实验任务是要求被试在一款咖啡杯和笔之间作出选择，并且为竞拍该所选物品出价，事实上，由于特殊的实验设计，所有被试选择的都是咖啡杯，也就是说，所有被试所选择的对象其客观价值都是相同的。但结果发现，匹配组（促进定向—渴望策略组、预防定向—警戒策略组）被试的出价比不匹配组（促进定向—警戒策略组、预防定向—渴望策略组）高出40%—60%。也就是说，匹配组被试对咖啡杯的估价比非匹配组更高。这种价值增值就是来源于匹配效应。

那么，这种源于调节性匹配的价值是如何产生的呢？研究者给出了如下解释。调节性匹配使个体对自己当前的行为产生了一种“正确感”，这种“正确感”和重要性的体验是源于调节性匹配的价值产生的基础。在选择的过程中，物品的客观价值并没有增加，增加的只是个体对物品的主观判断的价值。这种主观上的价值增值现象是个体无意中将源于调节性匹配的价值错误地转移到所选物品上所导致的。因此，一旦个体意识到这种由调节性匹配所带来的“正确感”体验并对此进行评定，这种价值转移就会消失。研究还发现，这种价值转移不仅出现在对所选物品的估价上，还能够与当前行为分开而独立存在。例如，希金斯等人在调节性匹配实验结束几分钟之后，让被试评价漂亮的狗图片（告知被试该任务与先前实验无关），结果发现，在第一阶段实验中产生调节性匹配的被试对狗图片的评价更加积极。

（三）调节匹配的操作方法

实现匹配状态的途径一般有以下两种，一种是调节定向与行为策略之间的匹配，另一种是调节定向和结果效价之间的匹配。

1. 调节定向和行为策略之间达成匹配

让不同调节定向的被试使用他们偏好的行为策略，以此操作匹配。比如，阿维奈和希金斯（Avnet & Higgins，2006）的研究发现，促进定向的个体偏好以感情为基础进行评价，而预防定向的个体则偏好以理智为基础进行评价。研究者在实验中给被试两个品牌的修改液，让促进定向的被试以感情为基础来选择并评价其中一个品牌；而让预防定向的被试以理智为基础选择。结果显示，在这两种条件下，被试对所选品牌的修改液评价更高且乐意付出更多的钱购买，证明调节匹配产生，即促进定向下个体偏好以感情为基础的行为策略，预防定向下个体偏好以理智为基础的行为策略。

2. 调节定向和结果效价之间达成匹配

研究发现，不同调节定向的个体对结果效价的敏感程度不同，促进定向的个体对积极结果比较敏感，而预防定向的个体对消极结果比较敏感。因此，让促进定向的个体预期或体验积极结果的存在，让预防定向的个体预期或体验消极结果的存在能够产生调节匹配。前文中提到的伊德松等人（Idson et al，2004）所操作的调节性匹配（促进定向—积极结果、预防定向—消极结果）就是这种匹配。

第三节 调节模式理论

一、调节模式的区分

在商场的停车场停车时，有些人会基于以往的停车经验、离商场入口的距离、驶出的便利性等方面进行综合考虑，从而决定一个最佳的停车位置；而有些人则只是随意地将车停在任何一个空车位，他们觉得只要当前能把车停下就好，而不会花时间去考虑它是否是最佳位置。人们为什么会有这样的区别？这就是本节要讨论的调节模式问题。

自我调节是指个体选择目标及行为策略并采取行动以实现目标的过程，希金斯认为，在这个过程中，个体可能会表现出不同的方式或模式，他将这种模式称为调节模式，并将之区分为评估模式和运动模式两种不同类型，这两种模式在自我调节过程中具有独特的特点并导致不同的动机结果。

评估模式是指个体在自我调节的过程中，以各种方式收集目标和行为策略的全部相关特征，并在此基础上对所有备择目标和行为策略进行全方位的评判和对比，以期获得最优目标和行为策略的心理模式。比如停车时经过通盘考虑而寻找最佳车位，购物时全面考察反复比较性价比才作出决定，都是评估模式的表现。

运动模式是自我调节过程中以改变当前状态（如情绪、认知、行为或者计划等方面）为目的的心理模式。比如停车时仅满足于停下来即可，购物时直奔目标买完就走即是运动模式。

评估模式和运动模式在以下三方面存在区别。

首先，两种模式关注的角度不同。评估模式关注的是是否作了最佳决策，产生了最佳的结果，运动模式关注的是状态是否发生了改变。例如，以评估模式占主导的个体更主张“三思而后行”，而运动模式主导的个体更认同“当断不断，必有后患”。

其次，两种模式的行为方式不同。评估模式采用谨慎的行为方式，该模式下的个体会考虑问题的方方面面，进行全方位的比较，权衡各种利弊，最后才选出最佳策略。而运动模式采用果断的行为方式，该模式下的个体关注状态的改变，因此会当机立断、迅速作出决定并执行。例如，在考试过程中，评估模式的学生在拿到考卷之后会通篇浏览，对题目有总体把握，大概区分出难易题目，然后开始做题；而运动模式的学生在拿到考卷之后会迅速动笔，从第一题开始迅速进入解题状态。

最后，两种模式下的目标明确度不同。由于评估模式关注最佳决策并进行过反复比较，所以在自我调节过程中，其目标和策略是明确具体的；而运动模式只关注状态的改变并果断作出决定、采取行动。所以在自我调节过程中，其目标和策略往往是模糊的。例如，研究者们（Kruglanski，Pierro & Higgins，2007）发现，采用评估模式的个体更喜欢获得明确答案，难以忍受歧义等模糊情境，而运动模式的个体似乎并不确定自己想要什么样的结果、实现什么样的目标。

总的来说，评估模式更关注结果如何，希望作出的决策是最正确的，当评估模式的个体发现自己可能不能实现最优目标或使用最佳策略时，他可能不采取任何行动（Mannetti et al，2009），他们不能忍受做不正确的事情。而运动模式关注的是整个过程，关注个体当前的状态是否有所改变，而不太关注这种改变是否为最佳策略或产生最佳结果，运动是其特有的行为方式，他们不能忍受不做任何事情。

二、调节模式的测量与诱发

与调节定向类似，调节模式同样可以分为特质性调节模式和情境性调节模式。特质性调节模式主要受个体在成长过程中自我调节方面的成败经验的影响，是一种相对稳定的调节模式。情境性调节模式是在任务情境中所表现出来的，受特定信息线索的影响，是一种相对短暂的调节模式。

对于特质性调节模式的测量目前唯一的工具是调节模式量表（regulatory mode scale，RMS）。该量表包含评估模式和运动模式两个分量表，每个分量表各包含 12 个条目。你想了解自己的调节模式吗？以下是经过修订后的中文版问卷，它可以帮助你对自己的调节模式倾向有一个大致的判断。请阅读每个句子，如果符合你的情况就答“是”，反之则答“否”。

1. 我不介意去做事情，即使需要付出很多努力。
2. 我会花时间罗列我的优点与缺点。
3. 我总是把自己和别人进行比较。
4. 我是一个工作狂。
5. 我经常觉得别人在评价我。
6. 我不喜欢观望，而是喜欢积极主动地做事情。
7. 我喜欢评价别人的计划。
8. 我不愿意做需要自己付出过多努力的事情。
9. 我是一个行动者。
10. 我经常评论由我自己或者别人完成的工作。
11. 我是一个挑剔的人。
12. 我是一个精力不够充沛的人。
13. 在我即将达到一个目标时，我会感觉很兴奋。

14．我经常认为别人的选择和决定是错误的。

15．当我决定做一件事情，我迫不及待就要开始行动。

16．一旦我开始做一件事情，我通常会坚持下去直到完成。

17．当我完成一件事情时，我已经考虑好接下来该做的另一件事情。

18．当我第一次接触一个人时，我通常会基于各方面（如外貌、成就、社会地位、衣着等）去评价他。

分别统计以下两组句子的得分：第一组，1、4、6、8、9、12、13、15、16、17；第二组，2、3、5、7、10、11、14、18。具体方法是，除了8、12两题之外，其余所有题目的计分规则均为答“是”计1分，答“否”不计分；而8、12两题则答“是”不计分，答“否”计1分。分别将两组所有题目的分数相加。第一组得分为第一组总分除以10，第二组得分为第二组总分除以8。现在，看看你的第一组得分高，还是第二组得分高呢？如果第一组得分高于第二组，那么你的运动模式较为明显，如果第二组得分高于第一组，那么你的评价模式较为明显。

由于情境性调节模式是基于某种情境线索的，所以实验者通常根据两种调节模式的含义、特征等设计特定的任务。被试在完成任务的过程中，即可诱发出相应的调节模式（Avnet & Higgins，2003）。

为诱发被试的运动模式，实验者要求被试完成以下任务：“请回忆并书写以下三个事例：

1．你是一个说干就干的人；

2．当完成一件事情时，你就已经考虑好接下来该做的另一件事情；

3．当决定要做一件事情后，你迫不及待就要开始行动。”

为诱发被试的评估模式，实验者要求被试完成以下任务：“请回忆并书写以下三个事例：

1．你经常评论由你自己或者别人完成的工作；

2．你经常将自己和他人进行比较；

3．你经常花时间罗列自己的优点与缺点。”

此种方法被证明可以有效地诱导被试形成暂时的调节模式。

三、调节模式对活动的影响

前面详细介绍了两种调节模式，采用评估模式的个体在自我调节的过程中，以各种方式收集目标和行为策略的全部相关特征，并在此基础上对所有备择目标和行为策略进行全方位的评判和对比，以期获得最优目标和行为策略的心理模式。而采用运动模式的人在自我调节过程中则以改变当前状态（如情绪、认知、行为或者计划等方面）为目的。那么两种调节模式对于活动动机以及活动绩效具有怎样的影响呢?

(一) 调节模式与活动动机的关系

总的来说，调节模式与动机的关系表现为：运动模式与较强的行为动机相联系，这是因为对于持运动模式的个体而言，“什么也不做”是非常难以忍受的；而评估模式则与较弱的行为动机相联系，这是因为采用这种调节模式的人往往会对行动方案反复权衡，他们会过度关注行为结果，这在客观上降低了其行为动机，因为“做不正确的事”对他们来说是难以忍受的。在尚未确定最佳方案之前，或自己不能执行最佳方案时，评估模式的个体宁可不采取任何行动。

此外，调节模式理论认为运动模式主导的个体执行的各种行为更多是由内部动机所激发，而评估模式主导的个体则较为关注自我评价和社会评价，其行为参与更多是由外部动机所激发。张剑和郭德俊（2003）强调：“内部动机要求对工作的投入，当个体开始关注产品而不是过程时，意味着外部动机开始发生作用。”内外动机之间的这种差异与运动模式关注过程而评估模式关注结果的差异是类似的，因此不难理解评估模式与外部动机关系密切，而运动模式与内部动机关系密切。研究者们（Pierro，Kruglanski & Higgins，2006）通过实验证明了这一点，他们发现运动模式与内部动机呈显著正相关，与外部动机呈显著负相关，评估模式则恰好相反。皮埃罗等人（Pierro et al，2006）发现，加入外部奖励后，评估模式主导的个体其任务参与度增加，这是因为，投入外部奖励导致个体外部动机增强，进而导致个体在任务中投入更多的精力。

(二) 调节模式与活动绩效的关系

调节模式与动机的关系还体现在其与活动绩效的关联上。绩效自身有水平的高低以及侧面的不同之分。接下来我们分别探讨调节模式与这些因素的关系。

一方面，调节模式与绩效水平有着密切的关系。如前所述，虽然运动模式比评估模式产生更强的动机水平，但这并不意味着在实际情况下，运动模式产生的绩效水平就比评估模式高。在实际生活中，为了实现某个目标，行为的激发和维持虽然很重要，但是策略的选择、优先性的考虑、时间的安排等因素的作用同样不能被忽略。也就是说，高水平的运动模式必须与高水平的评估模式结合在一起才能有效预测高水平的绩效。克鲁格兰斯基等人（Kruglanski et al，2000）针对学生的学业成绩和士兵的军事训练成绩分析了调节模式与活动绩效的关系，结果都表明，只有运动模式和评估模式相结合才能产生最高的绩效水平，如果评估模式水平低，那么运动模式并不能对绩效水平作出有效的预测，但如果评估水平高，运动模式就是绩效水平的一个有力预测指标。也就是说，绩效水平高的个体是那些在两种模式水平上都高的个体。

另一方面，两种调节模式又与绩效的不同侧面有着密切的关联。例如，如果用速度和准确性来表示绩效，那么运动模式能导致更快的速度，这是因为运动模式下个体的行为果断性高，会立刻投入活动；而评估模式能导致更高的准确性，因为评估模式下的个体会反复比较，正确选择最佳的策略，保证准确性。这一观点得到克鲁格兰斯基等人（2000）的实证研究的支持，他们让被试完成一项不限时间的校对任务，结果发现，运动模式水平高的个体任务完成速度快，评估模式水平高的个体正确甄别出的错误数量高。

四、基于调节模式的调节匹配效应

在上一节谈到，调节定向与行为策略相匹配，能够对认知、动机、情绪和行为产生一种增值效应，即为匹配效应。这种匹配效应也同样存在于调节模式中。调节模式领域的研究表明，调节模式与行为策略、呈现方式、领导风格、教学风格的匹配也会导致匹配效应的出现。

（一）调节模式与行为策略的匹配

前面已经提到，调节定向与行为策略等之间的匹配会导致价值增值，同样的，调节模式与行为策略等之间的匹配也会提高个体对价值的评估。例如，阿维奈和希金斯（2003）发现，匹配组的被试（评估模式—完全比较策略组、运动模式—渐进排除策略组）比非匹配组的被试（评估模式—渐进排除策略组、运动模式—完全比较策略组）在对自己所选择的品牌上有更高的价值判断，但实际上，所有被试选择的其实都是一个品牌。也就是说，对于客观价值相同的物品，匹配组被试和不匹配组被试对其产生了不同的价值估计，匹配的情形下的价值判断更高，这即是源于调节模式与行为策略的匹配效应的价值增值。阿维奈和希金斯（2006）的研究表明，这种价值增值不仅表现在对实际物体的价值评价上，还体现在对自己的行为动机和决策意向的价值评价上。

（二）调节模式与资料呈现方式的匹配

调节匹配与资料呈现方式之间的匹配也能提高个体对产品的喜爱程度和估价水平。有研究者（Mannetti，Giacomantonio，Higgins，Pierro & Kruglanski，2010）将被试分成两组，分别诱发运动和评估模式，然后针对每组被试再分别以静态（图片）和动态（视频）两种方式呈现针对同一产品的广告资料，然后让所有被试评价其对该广告的喜爱程度以及对广告产品的价值估计。结果表明匹配组的被试（运动模式—动态呈现组、评估模式—静态呈现组）比非匹配组的被试（运动模式—静态呈现组、评估模式—动态呈现组）对广告有更高的喜爱程度，对产品有更高的估价。

（三）调节模式与领导风格的匹配

在职场上，员工的调节模式与领导风格的匹配能够提高员工的工作满意度和动机水平。例如，有研究者（Kruglanski，Pierro & Higgins，2007）发现，运动模式与独裁式领导风格匹配，评估模式与民主式风格匹配，匹配条件下员工的工作满意度更高，但如果运动模式的员工处于民主领导风格下，或评估模式的员工处于独裁领导风格下，其工作满意度就较低。

与这项研究相类似，本杰明和莉丽（Benjamin & Lily，2006）发现职员调节模式与领导风格在对工作动机的影响上也存在匹配效应：运动模式与变革型领导风格（鼓励下属勇于创新、展现自我）的匹配、评估模式与交易型领导风格（鼓励下属完成任务、获得认可）的匹配导致更高的动机，而运动模式主导个体处于交易型领导风格下、评估模式主导个体处于变革型领导风格下则导致较低的动机水平。

（四）调节模式与教学风格的匹配

不同的教师可能具有不同的教学风格，有的鼓励学生自主性的充分发挥，有的偏好于对课堂进行严格的控制，我们可能会问：哪种教学风格更好？哪种教学风格更受学生欢迎？皮埃罗等人（Pierro，Presaghi，Higgins & Kruglanski，2009）的一项研究对此作出了回答。该项研究探讨了学生的调节模式与教师的教学风格之间的匹配效应，结果表明，运动模式与自主支持型教学风格之间的匹配、评估模式与控制型教学风格之间的匹配会导致学生对于教学形成更高的满意度。也就是说，学生对于任何一种教学风格并没有绝对的偏好，与学生的调节模式相匹配的教学风格就是适宜的教学风格。

第四节　调节定向和调节模式的实践意义

前面对调节定向、调节匹配以及调节模式的含义与分类进行了阐述，这些理论从一个新的角度解释了个体对目标行为的追求，是对传统动机理论的有力补充，有助于我们重新认识动机中的一些问题。接下来这部分我们将讨论这些新的动机概念对实际生活中的动机激发具有怎样的启示。

一、调节定向的引导

希金斯等人（2003）认为个体特质性调节定向的形成时期大约在12—14岁左右，正值青少年时期。此时他们在面对特定的任务情境时已表现出了特定的自我调节反应，基本形成了自己的调节定向。个体的调节定向的形成与个体从小与父母的互动过程是密不可分的，会受到父母教养方式的影响。如果父母长期强调孩子的进步，关注孩子成长需要的满足，如通过赞扬、奖赏等方法鼓励孩子追求理想、进步，提供支持性的环境让孩子独立自主地实现自己的愿望，那么孩子就很可能形成促进性调节定向；如果父母长期强调对孩子的保护，不让孩子冒险，避免受到伤害，通过批评、警告等方式教育孩子要履行义务、遵守规则，那么孩子更有可能形成预防性调节定向。

但这并不意味着调节定向的形成就是自我指导类型的习得过程。调节定向既可以受个体的自我调节历史的影响，表现为一种长期的人格特质；也可以受当前情境或任务的影响，表现为一种暂时性的动机定向。在现实生活中，人们经常面临各种任务和事件。有的情境强调成功的机会和意义，促使个体产生强烈的行为意愿，追求改变和创新，那么此时就会诱发促进调节定向；而有的情境强调失败的风险以及可能产生的消极后果，这就促使个体反复思考、谨慎细致，从而避免危险。

但需要指出的是，在促进定向和预防定向之间并不存在优劣之分，何种调节定向有助于取得最佳效果，这要依照具体情况而定。也就是说，促进定向和预防定向所产生的影响、发挥的效应是具有情境依赖性的，不能简单地认为促进定向绝对比预防定向好。比如，促进定向的个体如果采用渴望—趋近策略，则将取得更好的动机效果，而同样是促进定向的个体，假如采用警戒—回避策略，那么动机效果则稍逊一筹。同样的道理，预防定向的个体假如采用渴望—趋近策略，动机效果可能不会太好，但假如预防定向的个体采取警戒—回避策略，那么将获得很好的动机效果。

二、调节定向与人际冲突的应对

在学校中同学之间经常会发生各种矛盾，教师在调解这些矛盾时，如果强调修复关系的好处，如关系好可以获得更多的友谊、帮助、尊重等，促进定向的学生就会表现出更多的宽容，更容易表现出原谅，在解决矛盾上付出更大的努力。如果教师强调关系恶化的后果，如会影响其心情、会失掉一段友谊等，预防定向的学生就会表现出更多的宽容，作出更大的让步。而且在面对矛盾、面对同伴的拒绝时，预防定向的学生为了避免进一步被拒绝，会采取被动的冷漠型对抗，如自我沉默；而促进定向的学生则会更主动地解决当前的尴尬情境，如与对方公开理论、辩论。所以教师在面对学生间的矛盾时，要根据学生的特点晓以利弊，并提出相应的解决策略，有针对性地解决问题。

三、调节定向与竞争合作课堂结构的设定

长久以来，教师为加强学生学习的动机，或采取小组合作的方法，或采取相互竞争的手段。但这些方法、手段的使用同样要考虑到学生自身的特点。由于预防定向的学生行为的原因是为了追求一种安全的感觉，因此在面对竞争时，他们会感到焦虑，而且他们关注竞争所带来的消极结果，如他们自己会在竞争中失败，会失去已有的地位，所以他们通常不愿意参与竞争，以维持当前已获得的成绩。但是当不得不面对竞争时，他们为了寻求安全，免受伤害，就会不顾一切地作出最大努力，以避免消极结果所带来的损失。而促进定向的学生通常为了满足成长发展的需要，为了追求成功以及自身的提升而倾向于团结小组成员，进行合

作分工，这个过程能让他们感到快乐，并且他们相信通过这种方式更容易获得积极结果。

四、调节定向与学习策略的教学

在学习中，我们都有过这样的体会：面对同样的问题，经常有不同的解法，教师会将这些方法都传授给我们。但是我们在对这些解题方法的选择上，会有很大差异。有些同学偏向使用新颖的方法，而有些同学偏向使用最初传授的方法。原因在于预防定向的学生会考虑到新颖方法的风险性，他们不确定自己能够把握这种方法，因此他们会更倾向于采用传统的策略。而促进定向的个体更倾向于冒险，尝试新的策略，他们喜欢这种新颖所带来的新奇感、成就感。

从前面的阐述中，我们知道相对于预防定向，采取促进定向的人对积极结果更敏感，思想更开明，灵活性、创造性更强，但这并不意味着促进定向一定比预防定向更有优势，一定要培养学生产生促进定向。实际上二者优势互补、相辅相成，都是自我调节的重要构成要素，也是完成自我调节过程必需的条件。例如，促进定向个体虽然在面对失败时的沮丧情绪比预防定向个体的愤怒情绪强度低，但前者的动机唤醒水平也低，即为避免未来失败而付出的努力少（Liberman et al，2005）；再如，格兰特和希金斯（Grant & Higgins，2003）的研究也说明，促进定向和预防定向都可以独立且显著地预测整体幸福感，只是各自发挥作用的机制存在差异，促进定向通过激发积极情绪，来产生积极的结果；而预防定向通过减少可能的消极情绪，来产生积极的结果。

通常情况下，我们所说的某种调节定向更有优势是针对特定的情境而言的。当任务完成的期限迫近时，促进定向可能比预防定向更有效，因为它能使个体更快地完成更多的工作；当个体从事一项危险的工作时，预防定向可能更有效，因为它能使个体更好地遵守安全法则和规范。例如，当考试题目计分方式为，做对一题加一分，做错一题或不做题减一分，促进定向更有助于得高分；当考试题目计分方式为做对一题加一分，做错一题减两分时，预防定向更有助于得高分。因此，不同的情境需要不同的调节定向，而个体在一段时间内可能面对不同的情境要求，这就需要个体恰当地调整调节定向，使其与当前的任务或情境相匹配，以保证结果最优化。

五、调节定向与说服教育

在教学过程中，经常出现这样的现象：有的学生面对教师的鼓励无动于衷，批评反而能提高其学习的动机，而有的学生在面对教师的批评时会产生更强的挫败感，一蹶不振，但得到教师的表扬之后就会奋发图强。这说明教师的某一固定的激励方式以及说服教育方式并不适用于所有的学生，要根据学生的特质而定。

廖敏（2011）的一项研究将调节匹配理论应用于对学生体育锻炼的说服教育。

该研究将学生随机分配到两组情境中，分别诱发促进定向和预防定向（情境性调节定向），然后分别阅读强调积极/消极结果的说服教育材料，最后通过一份问卷测量学生在阅读完说服教育材料之后的行为意愿，如："我对这则信息非常认同"，"看完这则信息，我深刻体会到晨跑对个体是非常重要的"，"看完这则信息，我会在今后的每一天中坚持晨跑"。

其中通过指导语诱发两种情境性调节定向。促进定向的指导语是："所有参加这个实验的同学，在今后的一个月里若能每个早上坚持晨跑半小时，每天便可获得 2 元的奖励。"预防定向的指导语是："所有参加这个实验的同学，都可以得到 60 元的奖励。但前提是在今后一个月内必须每天坚持晨跑。如果缺少一天，则扣去 2 元。"

同样有两则关注不同结果的说服材料。关注积极结果的说服材料为："每天坚持晨跑，可以明显提高心肌功能、扩大肺活量，促进有氧代谢，增加身体的协调性，尤其是皮肤御寒的能力大大加强，免疫功能得到明显提高，感冒明显减少。而且晨跑可以健'心'，调节心理。静心晨跑能增强幽默风趣感及艺术感染力，改善睡眠质量。更重要的是，坚持每天晨跑能够锻炼个人的意志和毅力。"关注消极结果的说服材料为："没有晨跑习惯的人，其身体的免疫能力更低，某些疾病和病毒侵入得不到有效免疫而更可能诱发个体猝死。据世界卫生组织估计，全球因缺乏晨练而引致的死亡人数，每年数以万计。此外，不进行晨跑的人，其每天的学习效率更低，思维活跃度也更低。在面对挫折和挑战时，不晨跑的人更容易放弃，其自信心水平也更低。"

廖敏认为如果调节匹配组的说服效果好于非调节匹配组，则说明了情境性调节定向与结果达成了调节匹配。

此外，有研究者进一步考查了信息框架（关注不同效价的结果）、信息调节定向和信息接受者的调节定向三因素对说服效果的共同影响，结果显示，当三者协同发生作用时，说服效果最好。同样，有一项（Zhao & Pechmann，2007）关于禁烟广告的研究也支持这一结论。研究发现，对于促进定向的成年人来说，如果禁烟广告是关注积极结果的且是促进定向的，此时说服效果最好；而对于预防定向的成年人来说，预防定向、关注消极结果的禁烟广告的说服效果最好。

六、调节模式与内外动机的引导

如前所述，调节模式理论认为运动模式主导的个体执行的各种行为更多是由内部动机所激发，而评估模式主导的个体则较为关注自我评价和社会评价，其行为参与更多是由外部动机所激发。正如众多文献中所论述的，虽然内部动机有更强的适用性，但如果对外部动机加以合理的利用，同样能提高学生学习的表现。对于两种调节模式也应该持相似的态度，不宜认为某种模式具有绝对的优势。

在培养、激发学生内外动机时，可以考虑学生在调节模式上的不同。对于评估模式主导的学生，应该把关注点放在外部动机的激发上，多强调外部奖励、同伴地位提升等；而对于运动模式主导的学生，应更多地关注其内部动机的激发，让其关注学习的过程，以及这个过程所带来的内部需要的满足，如自我实现的需要、掌握知识的需要。

七、调节模式与目标定向的引导

成就目标包含两种：掌握目标定向和成绩目标定向。两种目标定向分别对应着两种动机模式，其中的差异影响着个体在成就情境中的认知、情感和行为。掌握目标定向个体将任务本身视为一种目的，关注对任务的理解，表现出一种积极的、掌握的动机模式；成绩目标定向个体视任务为一种手段，关注社会比较以及与能力有关的社会评价。

希金斯等人（2000）发现，运动模式与掌握目标定向具有显著正相关，而评估模式则与成绩目标定向呈正相关。这是因为评估模式关注最佳结果，要考虑方方面面，对所有因素进行评价，这些评价中涉及自我评价和社会评价，而成绩目标定向关注的是社会对其所作出的评价，所以两者表现出正相关。运动模式关注状态改变，在任务过程中的参与程度，掌握目标定向同样关注对任务过程的掌握和理解，所以不难理解二者存在正向的相关关系。

已有研究表明：由于运动模式主导的学生比评估模式主导的学生在任务中有更多的努力、投入和更高的动机强度，所以前者有更优秀的学业成绩。那么基于调节模式的目标定向培养应该把目标放在掌握目标定向上，培养学生的掌握目标。在课堂上，如果老师经常强调学习成绩、考试的重要性，学生就会逐渐地认为这些才是重要的，就会培养成成绩目标定向，这与当前总体的教育目标是不符的。所以老师应尽量避免这些话题，而是通过强调知识掌握的重要性，鼓励学生以自身为评价成功和能力的标准，最后培养学生的掌握目标定向。

但这并不意味着要否定成绩目标定向，因为在当前的教育环境中，还是有相当比例的学生持有这种目标定向的。对于这部分学生来说，教师可以根据表现目标与评估模式的正相关关系来强调积极结果的重要性，并要求学生认真对待、评价各种方法，培养学生独立自主学习、自主发现学习兴趣的能力，从而使成绩目标定向也能发挥积极的、正向的作用。对于掌握目标定向的学生，教师要利用其与运动模式的相关关系，使学生享受解决问题这一过程所带来的挑战性和趣味性，认识到学习过程的价值，做学习的主人翁。

总之，将调节定向理论、调节匹配理论以及调节模式理论运用于教学的方式能够使学生本身更多地参与到学习中去，并在这种学习中增强自己的自我效能感，有利于主体发展的能力，培养了学生对学习的兴趣，明确了自己的努力方向。而且这种教学不仅有利于学生取得更好的成绩，也帮助他们学会了如何学习，让老师和学生都明白哪种才是最适合学生的教学方式以及学习方法。因此学校和教师要注意在教学活动中为全面发展学生的各方面能力提供可能的空间。

【建议参考资料】

1. 廖敏. 特质性、情境性调节匹配对说服教育效果的影响［J］. 中国科教创新导刊，2011（19）：213－214.

2. 林晖芸，汪玲. 调节性匹配理论述评［J］. 心理科学进展，2007（15）：31－35.

3. 汪玲，逄晓鸣，肖凤秋. 调节模式理论：自我调节领域的新进展［J］. 心理科学，2011，34（3）：193－198.

4. 姚琦，乐国安. 动机理论的新发展：调节定向理论［J］. 心理科学进展，2009（6）：158－167.

5. 张剑，郭德俊. 内部动机与外部动机的关系［J］. 心理科学进展，2003（5）：66－71.

6. AVNET T，HIGGINS E T. Locomotion，assessment，and regulatory fit：value transfer from "how" to "what"［J］. Journal of Experimental Social Psychology，2003，39：525－530.

7. HIGGINS E T. Make a good decision：value from fit［J］. American Psychologist，2000，55（11）：1217－1230. 157

8. HIGGINS E T，KRUGLANSKI A W，PIERRO A. Regulatory mode：locomotion and assessment as distinct orientations［J］. Advances in Experimental Social Psychology，2003，35：293－344.

9. HIGGINS E T. Beyond pleasure and pain［J］. American Psychologist，1997，53（12）：1280－1300.

【问题与思考】

1. 何为调节定向？它包含哪两种定向？
2. 何为调节模式？它包含哪两种模式？
3. 什么是调节匹配？
4. 请根据实际生活举例说明促进定向和预防定向的区别。
5. 请根据实际生活举例说明运动模式和评估模式的区别。

图书在版编目(CIP)数据

动机心理学 / 刘惠军主编. －北京: 开明出版社, 2012.10
(新世纪心理与心理健康教育文库)
ISBN 978－7－5131－0858－4
Ⅰ.①动… Ⅱ.①刘… Ⅲ.①动机－心理学 Ⅳ.①B842.6

中国版本图书馆 CIP 数据核字(2012)第 218085 号

责任编辑: 范英 陈璘彬 王桢 王晶晶

书 名: 动机心理学
出品人: 焦向英
出 版: 开明出版社
(北京海淀区西三环北路 25 号 邮编 100089)
经 销: 全国新华书店
印 刷: 保定市中画美凯印刷有限公司
开 本: 700×1000 1/16
印 张: 10.375
字 数: 203 千字
版 次: 2012 年 10 月 北京第 1 版
印 次: 2018 年 6 月 北京第 3 次印刷
定 价: 27.00 元

印刷、装订质量问题, 出版社负责调换货 联系电话:(010)88817647